LA MAISON SOUS TOUTES SES COUTURES

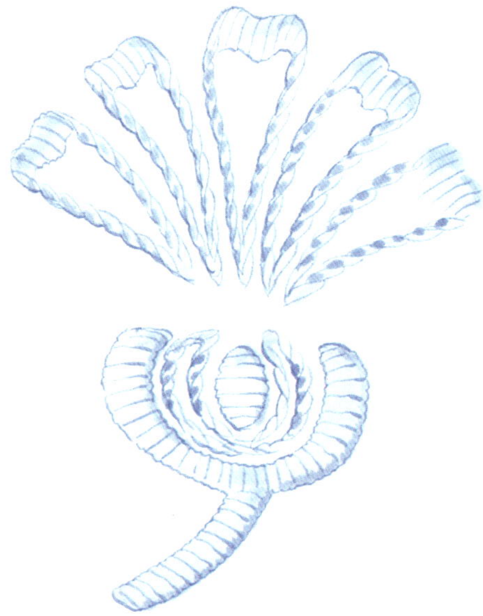

La Broderie

LA MAISON SOUS TOUTES SES COUTURES

La Broderie

Texte de Karen Elder

Adaptation française de Martine Richebé
Photographies de Pia Tryde

Gründ

page 1 : Couvre-lit bleu et blanc (voir page 54)
page 2 : Frise de feuilles ajourées (voir page 40)
(page 3) : Pochette à lingerie (voir page 70)
(page 5) : Boutons brodés (voir page 88)

Macrophotographie • Peter Cassidy et Dave King
Illustrations • Kate Simunek

Garantie de l'éditeur
Malgré tous les soins apportés à sa fabrication, il est malheureusement possible que cet ouvrage comporte un défaut d'impression ou de façonnage. Dans ce cas, il vous sera échangé sans frais. Veuillez à cet effet le rapporter au libraire qui vous l'a vendu ou nous écrire à l'adresse ci-dessous en nous précisant la nature du défaut constaté. Dans l'un ou l'autre cas, il sera immédiatement fait droit à votre réclamation.
Librairie Gründ - 60, rue Mazarine - 75006 Paris

Adaptation française de Martine Richebé
Texte original de Karen Elder
Révision de Dominique Jorda-Benoist

Première édition française 1996 par Librairie Gründ, Paris

ISBN • 2-7000-5622-1
Dépôt légal • août 1996
Édition originale 1995 par Quadrille Publishing Limited sous le titre original *Embroidery*

Photocomposition • Compo 2000
Texte composé en frutiger et simoncini garamond
Imprimé en Espagne

Sommaire

Introduction

L'immense plaisir que procure la broderie réside autant dans les moments passés à embellir une pièce de tissu, aussi petite soit-elle, que dans l'ouvrage achevé. Injustement qualifiée d'« ornement accessoire » dans le dictionnaire, la broderie fut pendant longtemps l'unique moyen d'enrichir les étoffes – notamment avant l'apparition des textiles imprimés ou des tissages élaborés. Aujourd'hui encore, elle embellit notre environnement quotidien. Aussi, la définition de la peinture, moins lacunaire, lui conviendrait-elle mieux : « mode de représentation du monde visible ou imaginaire au moyen de couleurs » ; les points de broderie étant comparables aux coups de plume, de crayon ou de pinceau des peintres et dessinateurs. Dans un monde de plus en plus standardisé, la broderie offre la précieuse opportunité de créer des œuvres uniques et originales. Elle possède en outre la séduisante particularité d'épouser n'importe quelle forme.

Les plus beaux ouvrages sont d'une grande finesse et d'une perfection admirable. Pour atteindre une telle maîtrise, il faut d'abord apprendre à exécuter les points de base puis à associer textures et couleurs. Il devient alors envisageable d'explorer toutes les possibilités d'expression personnelle qu'offre la broderie. C'est ce que vous propose ce livre dont le but est avant tout de vous libérer un peu les doigts et l'esprit plutôt que d'insister sur la perfection du travail – la régularité des points s'acquiert avec la pratique.

La broderie ne se limite pas à l'emploi d'une aiguille et de fil, mais peut faire appel à d'autres matériaux, comme les perles et les paillettes. Ces techniques, de même que la broderie sur canevas ou à points comptés, ne sont pas abordées ici (à l'exception d'une frise au point de croix), car notre but est de vous enseigner les rudiments de la broderie, qui vous permettront de vous exprimer librement. Les points de broderie des quinze travaux illustrés sont à la portée de tous. Ces exemples vous montrent que l'on peut réaliser des ouvrages très attrayants à partir d'idées simples et sans posséder une grande maîtrise d'exécution. Libre à vous d'entreprendre ensuite des projets plus ambitieux.

Beaucoup pensent que la broderie exige à la fois une grande habileté et beaucoup de patience. Or broder n'est pas un travail fastidieux comme le suggère la notion de patience. L'acquisition de quelques points de base élémentaires permet très vite de réaliser un ouvrage et d'en apprécier le résultat.

Avant de commencer

Le large éventail de tissus, fils, aiguilles, ciseaux, métiers à broder et autres matériels destinés à la broderie peut être au premier abord déconcertant. En fait, chaque accessoire a en général un emploi bien spécifique. Suivez les indications qui accompagnent les ouvrages et demandez conseil à votre fournisseur pour choisir les articles les mieux adaptés à vos projets.

Rien ne vous interdit d'ailleurs d'utiliser des tissus ou des fils qui ne sont pas spécialement conçus pour la broderie. Quand vous aurez un peu exploré les différentes techniques et appréhenderez mieux le comportement des divers matériaux, vous pourrez associer le tissu, l'aiguille et le fil qui vous semblent les plus appropriés.

N'hésitez pas à vous inspirer des broderies traditionnelles qui font appel à des matériaux authentiques : des étoffes rustiques aux couleurs vives forment la toile de fond de la plupart des motifs ethniques. La broderie fait en effet partie intégrante de la vie de nombreuses communautés primitives et constitue souvent pour elles le seul moyen d'agrémenter les vêtements ou d'embellir les lieux de vie. Leur démarche créative, empreinte d'une grande liberté, est riche en enseignements.

NOMS, INITIALES & CHIFFRES
FABRICATION FRANÇAISE
NOMS, INITIALES & CHIFFRES
FABRICATION FRANÇAISE

Fournitures et matériel

La broderie d'un « ouvrage », comme ces dames oisives du siècle dernier se plaisaient à l'appeler, constitue un passe-temps agréable qui ne nécessite pas l'acquisition d'un matériel coûteux ou volumineux. En outre, comme ils sont légers et peu encombrants, tissus, fils, aiguilles et ciseaux peuvent être facilement transportés avec soi. La broderie est ainsi un loisir idéal en voyage ou en vacances.

Avant tout, il est important de disposer d'articles de bonne qualité et bien adaptés à vos projets. Avec une corbeille à ouvrages garnie des bons accessoires, vous pourrez réaliser des ouvrages au fini professionnel qui vous réjouiront pendant de longues années.

Corbeille à ouvrages

Les accessoires essentiels à l'exécution d'une broderie ne sont pas nombreux.

• Une paire de petits ciseaux à broder (voir ci-contre), de grands ciseaux à couture pour couper le tissu et une paire de ciseaux à papier.

• Un centimètre de couturière.

• Des épingles et une pelote à épingles.

• Un feutre à encre lavable et/ou crayon à papier tendre pour marquer les détails.

• Un crayon-transfert et du papier calque ou du papier carbone spécial pour reporter les motifs.

• Une craie tailleur – dont les traces partent au lavage – pour marquer les lignes de couture des ouvrages à assembler.

• Un jeu d'aiguilles (voir ci-dessous), un dé et un porte-aiguilles. Évitez ici les pelotes à épingles, car les aiguilles disparaissent facilement à l'intérieur.

Quelques autres accessoires peuvent aussi vous être utiles :

• Des tambours à broder (voir ci-contre) de plusieurs tailles. Ils facilitent la broderie de grandes surfaces au point lancé (ou au passé plat) ou l'exécution de certains points, comme le point de nœud. Le montage d'un ouvrage sur un tambour se fait en quelques secondes.

• Des cartonnettes pour embobiner le fil : les écheveaux finissant presque toujours par s'emmêler, elles vous éviteront bien des déboires et vous feront économiser du temps et de l'énergie. N'oubliez pas cependant de reportez chaque fois la référence du coloris pour pouvoir réassortir le fil, si nécessaire.

• Une loupe à suspendre au cou. Elle laisse les mains libres et peut être utile, non seulement à ceux qui ont des problèmes de vue, mais aussi à l'exécution d'ouvrages minutieux comportant de tout petits points, comme les Boutons brodés page 88.

Aiguilles

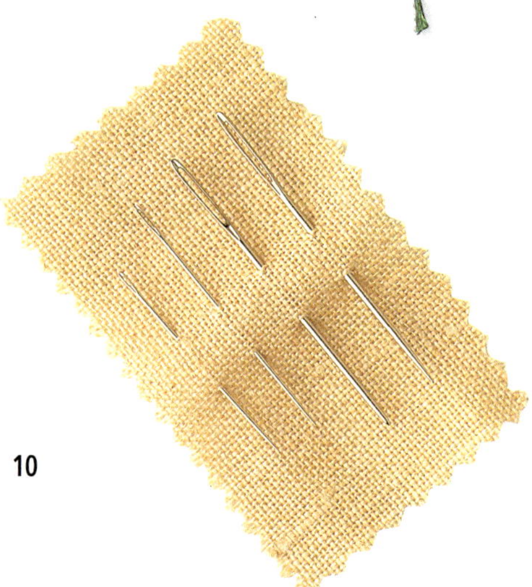

Indispensables, les aiguilles doivent être de bonne qualité, plus ou moins longues ou pointues selon leur destination. N'employez que des aiguilles bien lisses et bien brillantes. Leur revêtement s'use avec le temps et mieux vaut les changer dès qu'elles se ternissent ou glissent mal au travers du tissu.

• Le chas de l'aiguille doit être assez large pour que le fil y pénètre aisément et l'aiguille assez grosse pour permettre au fil de traverser facilement le tissu.

• Les aiguilles recommandées sont souvent très fines, car elles traversent mieux le tissu, mais vous pouvez avoir du mal à les manipuler si vos doigts manquent d'agilité. Choisissez alors une aiguille de taille légèrement supérieure.

• Les aiguilles sont souvent vendues en pochettes contenant un assortiment de tailles. Essayez-en plusieurs.

• Les tailles sont indiquées par des numéros : plus il est petit, plus l'aiguille est grosse. Ainsi, une aiguille n° 1 est plus grosse qu'une aiguille n° 2.

Quatre types d'aiguilles sont employées en broderie mais rien ne vous oblige à respecter cette classification.

Les aiguilles à broder se font en plusieurs tailles, du n° 1 au n° 10. Elles sont pointues pour transpercer aisément le tissu et ont des chas allongés pouvant contenir plusieurs brins de coton ou de laine. Ce sont les plus employées en broderie. Seule la longueur du chas les distingue des aiguilles à coudre.

Les aiguilles à tapisserie à bout rond existent aussi en plusieurs tailles – du n° 13 au n° 24. Leurs pointes émoussées glissent bien entre les fils simples ou groupés des toiles à tissage lâche conçues pour la broderie à fils comptés (voir page 15). Comme leur nom l'indique, elles sont idéales pour la tapisserie sur canevas : leurs chas ovales bien larges peuvent recevoir des fils épais.

Les aiguilles à tapisserie à bout pointu n'en diffèrent que par leur pointe. Elles conviennent aux tissus serrés, comme les sergés, et aux fils trop épais pour les aiguilles à broder.

Les aiguilles à quilter se font du n° 1 au n° 12. Courtes et pointues, elles permettent l'exécution rapide et régulière de points linéaires – point avant, arrière ou point de tige – et facilitent celle du point de nœud.

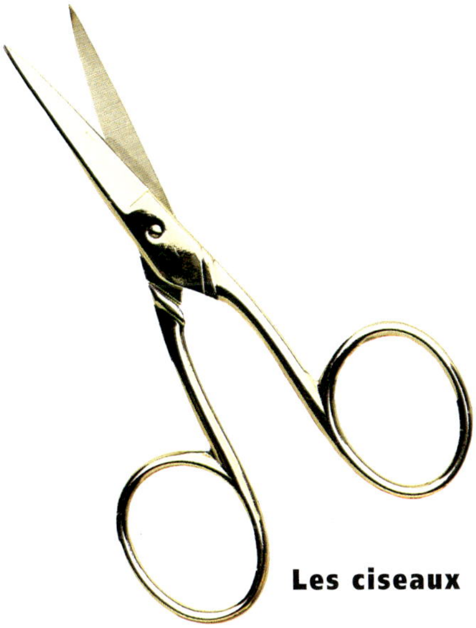

Les ciseaux

Votre nécessaire à broder doit obligatoirement inclure une paire de petits ciseaux bien affûtés, notamment à la pointe, ainsi qu'une paire de ciseaux à couture pour couper le tissu.

Les métiers à broder

Tambours

Le tambour à broder, métier circulaire, est un accessoire simple, peu coûteux et très utile à la plupart des travaux de broderie. Il se compose de deux cercles en bois qui s'ajustent l'un dans l'autre. On tend le tissu sur le cercle intérieur, puis on emboîte par dessus le cercle extérieur muni d'une vis qui permet de régler la tension. Le tissu reste toujours bien tendu, et les points longs, comme les points lancés, parfaitement plats.

- Si l'ouvrage à broder est de petite dimension, choisissez un tambour qui contiendra le motif tout entier. Si l'ouvrage est plus grand, déplacez simplement le tambour au fur et à mesure du travail.
- Retirez le tambour chaque fois que vous vous arrêtez de travailler afin d'éviter que le tissu conserve de vilaines marques ou se distende.
- Le tissu sera mieux maintenu et se marquera moins si le cercle intérieur est recouvert de tissu. Enveloppez-le d'une bande de tissu découpée dans le biais et maintenue par des points.
- Certains tambours peuvent aussi être fixés au rebord d'une table, ou sont munis d'un support servant de siège. Ils laissent les deux mains libres pour broder, la main droite restant sous le tambour, l'autre au-dessus (ou vice-versa pour les gauchers) ; avec l'habitude, on arrive ainsi à travailler plus vite. Il existe d'autres types de supports. L'important est que l'ouvrage soit bien maintenu afin de rester stable en cours de travail.

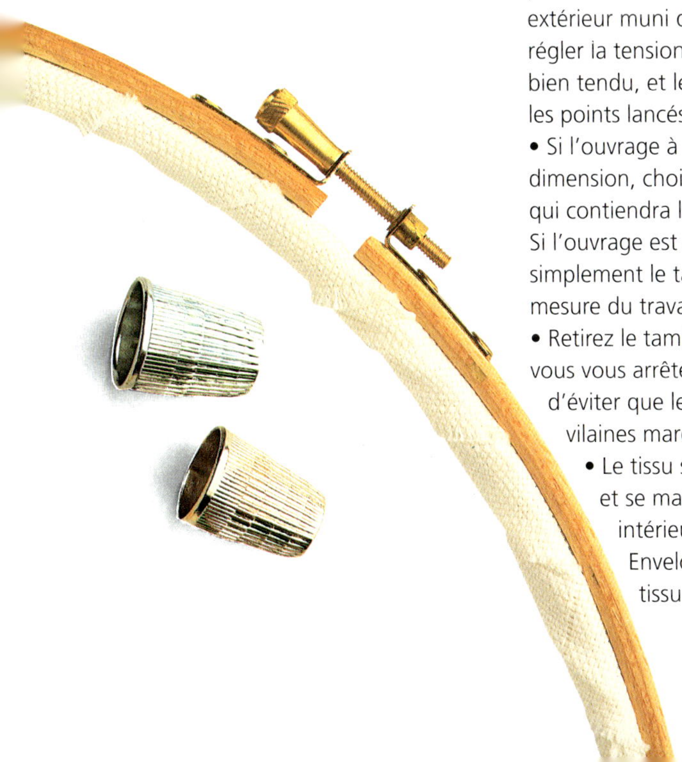

Métiers rectangulaires

Si vous aimez travailler sur un métier, montez vos grands ouvrages sur un cadre rectangulaire. Bordez-les d'une sangle ou d'une bande de toile forte piquée à la machine. Cousez cette bande à la sangle du cadre ou fixez-la en entrelaçant les fils autour des montants ou dans leurs perforations, selon le modèle utilisé. Ainsi l'ouvrage ne sera pas soumis à des tensions irrégulières et ne se déformera pas.

Les fils

N'importe quel fil, ou presque, peut servir à broder. L'essentiel est qu'il soit en rapport avec le chas de l'aiguille et la texture du tissu – l'association d'une toile à sac et d'une ficelle de coton peut donner de bons résultats. Mais mieux vaut vous en tenir au début aux fils spécialement conçus pour la broderie, dont la tenue des couleurs et la solidité ont été éprouvées. Il serait regrettable de passer des heures à broder avec un fil peu solide dont les teintes ne résistent ni au lavage ni au nettoyage à sec (voir page 20).

Les fils à broder sont vendus en écheveaux ou en pelotes. Certains écheveaux – ceux de coton mouliné, par exemple – ne sont pas torsadés et les brins peuvent aisément en être extraits. Quant aux autres – ceux de coton perlé ou à broder (voir page 14) – il faut en retirer les bagues, les détordre, puis les couper à chaque extrémité pour obtenir un faisceau de fils d'égale longueur. Si vous liez les fils au centre, ils ne s'emmêleront pas, mais ne serrez pas ce lien et n'utilisez pas d'élastique pour ne pas abîmer les fils.

Le même point peut tout à fait changer d'aspect selon le fil employé. Pourquoi ne pas essayer des fils de grosseurs et de textures variées pour juger de la diversité des résultats obtenus ? Certains points sont plus faciles à exécuter avec des fils assez fins, mais sachez qu'une broderie exécutée avec un gros fil torsadé peut aussi avoir beaucoup de caractère.

Coton mouliné (ou fil floche)
Le coton mouliné est le coton le plus couramment employé en broderie. Appelé parfois « soie à broder » en raison de son aspect lustré, il ressemble tant à la soie naturelle qu'il est parfois difficile de les distinguer au tout premier regard.

Il offre une gamme de plusieurs centaines de coloris. Ses fils sont composés de six brins facilement séparables selon la finesse de travail recherchée.

Coton perlé
Fil torsadé à reflets chatoyants dont les brins sont indivisibles, contrairement à ceux du coton mouliné. Il est par contre, disponible en quatre grosseurs – 3, 5, 8 et 12 – le n° 3 étant le plus épais.

Soie moulinée
Fil de soie de même texture et de même épaisseur qu'un fil de coton mouliné ; composé du même nombre de brins, il peut servir aux mêmes usages.

Coton à broder spécial
Fil de coton mercerisé indivisible, légèrement satiné. Il se prête bien à l'exécution du point de feston serré en broderie ajourée, car il donne des résultats plus réguliers qu'un fil composé de plusieurs brins.

Coton retors
Fil mat assez gros, indivisible, à utiliser de préférence avec des tissage lâches étant donné son épaisseur. Sur un tissu serré, il faut en limiter l'emploi au point de nœud.

Coton à broder fin (fil fleur)
Fin coton à broder similaire au coton à broder ordinaire, mais moins brillant.

Laine à broder ou laine à tapisserie
Ces laines, assez fines, sont en général utilisées pour la tapisserie sur canevas. La laine à broder est une laine à un seul fil que l'on peut utiliser en double si nécessaire, et la laine à tapisserie est une laine composée de trois ou quatre fils divisibles.

Laine à tricoter
Certaines laines à tricoter – comme la laine zéphir, à deux fils – sont assez fines pour être employées en broderie, mais il faut veiller à ce qu'elles soient de bonne qualité, grand teint et pure laine.

Autres fils
Bien d'autres fils peuvent aussi être utilisés : fils métalliques, fils à teinte dégradée et autres fils de soie, de coton ou synthétiques. Quand vous maîtriserez les points de base, faites des essais avec ces différents fils pour personnaliser vos ouvrages et renouveler votre plaisir de broder.

Les tissus

La principale caractéristique des tissus destinés à la broderie est la régularité de leur tissage, fils de chaîne et de trame s'entrecroisant toujours en nombre égal. Ils sont en fait connus sous le nom de toiles à broder. Ces toiles se répartissent en deux catégories :

- **Les toiles « nattées », à fils groupés** sont tissées de telle sorte que fils de chaîne et de trame s'entrecroisent par groupes de deux ou plus, créant un effet de damier. Cette texture convient bien à la broderie au point de croix, dont les points peuvent être exécutés à cheval sur l'intersection des groupes de fils formant un « carré » ou « pavé ». Le tissu de ce type qui est le plus couramment employé est la toile Aïda. Elle peut être tissée plus ou moins serrée et avec des fils plus ou moins fins.
- **Les toiles unies ou régulières** ont comme leur nom l'indique, le même nombre de fils de chaîne et de trame au centimètre. Elles sont composées de fils entrecroisés un à un. Quand on brode au point de croix sur ce type de tissu, les croix sont en général faites à cheval sur deux fils dans chaque sens ; pour d'autres types de broderies à fils comptés, le nombre de fils enjambés par chaque point est généralement indiqué dans le modèle. La taille finale d'un motif peut être calculée assez facilement à partir d'une grille ou d'un nombre de fils particulier au cm. Ce nombre dépend de l'espacement des fils de chaîne et de trame. Ces tissus sont les plus appropriés à l'exécution de jours à fils tirés ou sans fils tirés et de la broderie Hardanger – type de broderie norvégienne à jours brodés de forme carrée, entourés de pavés au passé plat disposés géométriquement.

Choix du tissu

Les toiles à broder présentées ci-dessus se trouvent dans toutes les bonnes merceries. Beaucoup d'autres tissus de bonne qualité peuvent aussi convenir à la broderie. Le choix dépend du type de broderie envisagé, du fil choisi et de la destination de l'ouvrage. Ce sont ces éléments qui détermineront la sélection de la densité du tissage, de l'épaisseur des fibres, de la solidité du tissu et de sa résistance au lavage. En règle générale, mieux vaut ne pas associer tissu fin et fil épais, de même qu'une broderie fine risque de passer inaperçue sur un tissu trop épais ou texturé.

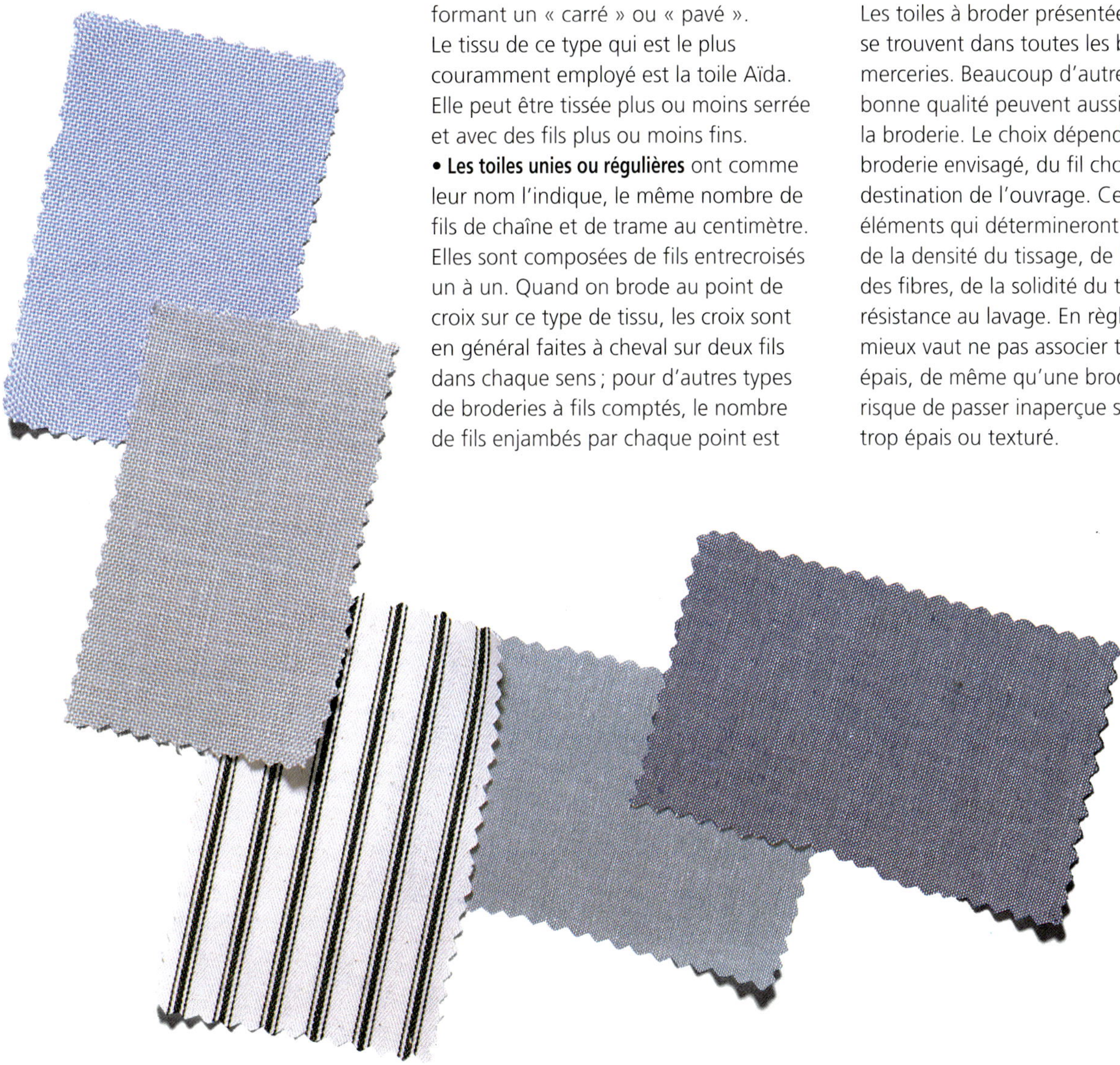

Préparation du travail

En préparant soigneusement votre tissu, vous vous épargnerez bien des déboires. Déterminez avec précision l'emplacement du motif, transférez-le en utilisant la méthode la plus appropriée et vérifiez que vous disposez de tout le matériel nécessaire. Assurez-vous que vos outils de marquage permettent de reproduire avec netteté les contours du motif et le cas échéant, que ces traits disparaîtront au lavage. Repassez le tissu pour travailler sur une surface parfaitement lisse.

Préparation du tissu

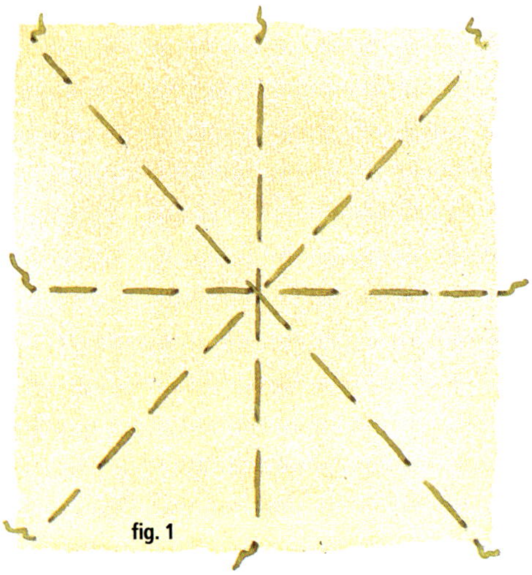

fig. 1

La première chose à faire quand on entreprend un ouvrage est de préparer le tissu pour pouvoir placer le motif correctement.

• Que le motif soit géométrique ou non, il faut commencer par déterminer le centre du tissu. Pliez-le en deux, puis encore en deux, et marquez ces deux lignes de pliure d'un bâti. Vous avez ainsi délimité quatre rectangles égaux.

• Déterminez alors les diagonales en pliant à nouveau le tissu deux fois de suite, mais obliquement cette fois. Marquez aussi ces deux nouvelles lignes de pliure d'un bâti (fig 1).

Ces repères facilitent aussi bien le placement de motifs classiques et symétriques que celui de motifs beaucoup plus libres.

• Surjetez le bord du tissu ou recouvrez-le de ruban adhésif pour éviter qu'il ne s'effiloche et qu'ensuite des fils se mêlent à la broderie. Toutefois, n'utilisez pas de ruban adhésif si vous n'avez pas l'intention de recouper ensuite le bord du tissu, car il laisse des traces.

• Si le motif choisi n'est pas à la bonne taille, il vous faut l'adapter. La photocopieuse facilite aujourd'hui ce travail – dans certains magasins, on se charge même à votre place du calcul du taux d'agrandissement ou de celui de réduction nécessaire.

Transfert des motifs

Vous avez le choix entre trois méthodes pour transférer le motif sur votre tissu. Choisissez celle qui convient le mieux à l'ouvrage envisagé.

• Dans le cas où l'ouvrage supporte le lavage, le marquage par transparence (méthode 1) est un bon choix.

• S'il est épais, l'emploi de carbone de couturière (méthode 2), dont les marques partent également au lavage, est alors préférable.

• Si les traits du motif doivent être entièrement masqués par les points de broderie, le transfert à chaud (méthode 3) est le meilleur moyen d'obtenir des traits bien distincts.

Quelle que soit la méthode retenue, assurez-vous d'avoir bien reporté la totalité du motif avant de commencer à broder. Vous auriez alors du mal à installer le tissu bien à plat et par suite, à positionner avec justesse les parties manquantes des motifs libres ou à raccorder des motifs géométriques.

Méthode 1 : marquage par transparence

Le moyen le plus simple et souvent le plus efficace de reporter un motif sur un tissu fin est de le tracer directement sur le support à l'aide d'un feutre lavable ou d'un crayon noir bien taillé. L'inconvénient du crayon noir est qu'il peut souiller le fil à broder. Cependant, ses traces partent en général au lavage, sauf sur les couleurs très pâles. D'autre part, les traits marqués au feutre lavable s'estompent parfois avant même que la broderie soit terminée ; mieux vaut donc les réserver aux petits ouvrages.

1 Dessinez le motif sur un morceau de papier calque ou de fin papier blanc et fixez-le au carreau d'une fenêtre avec de l'adhésif.

2 Fixez le tissu par dessus avec du ruban adhésif (ruban de masquage en papier crêpe) et décalquez le motif.

Méthode 2 : report au carbone

Ce papier carbone spécial se fait en plusieurs teintes. Choisissez une couleur qui ressort bien sur votre tissu. L'inconvénient de cette méthode est que le motif s'efface parfois avant la fin du travail. Le repassage y remédie, mais les traits sont alors définitifs.

1 Dessinez, décalquez ou photocopiez le motif que vous voulez reporter.

2 Posez le tissu sur un plan de travail propre et fixez-le avec de l'adhésif.

3 Placez le papier carbone côté face sur le tissu et fixez-le avec de l'adhésif.

4 Fixez alors par-dessus le motif à reproduire. Repassez soigneusement les lignes du motif au stylo bille.

5 Avant de retirer le papier, soulevez un coin pour vérifier que le transfert est satisfaisant. Évitez d'appuyer la main sur le carbone, pour ne pas maculer le tissu.

Méthode 3 : transfert à chaud

On trouve des crayons-transferts spécialement destinés au report de motifs de broderie, mais ils ne sont efficaces que sur les tissus synthétiques ou revêtus d'un apprêt. On peut résoudre ce problème en vaporisant abondamment le tissu d'amidon avant le transfert. Faites des essais sur un petit échantillon de tissu. Les marques ne partant pas toujours au lavage, mieux vaut ne pas employer de crayon-transfert si la broderie peut laisser transparaître le dessin.

1 Dessinez le motif sur une feuille de papier calque fin.

2 Retournez le papier calque et repassez doucement les lignes à l'envers avec le crayon-transfert.

3 Repassez le tissu, vaporisez-le d'amidon s'il est dépourvu d'apprêt. Épinglez le motif à transférer sur le tissu (côté tracé au crayon-transfert contre le tissu) et repassez lentement (à sec) avec un fer très chaud.

4 Avant de retirer les épingles, soulevez le calque pour voir si le transfert est réussi.

Exécution d'une broderie

L'enfilage de l'aiguille, le bon positionnement du premier point, le commencement et la fin de la première ou de la dernière aiguillée de l'ouvrage ainsi que de toutes les aiguillées intermédiaires – sont des opérations essentielles et néanmoins rarement expliquées. Entreprendre un ouvrage avec assurance, en sachant comment bien placer le premier point et faire en sorte qu'il soit net et solide, a cependant une grande importance.

Enfilage de l'aiguille

Enfiler une aiguille est une entreprise jugée difficile par la plupart des gens, soit parce qu'ils voient mal, soit simplement parce qu'ils s'y prennent mal. Voici une méthode efficace :
1 Tenez l'aiguille de la main droite (ou de la main gauche si vous êtes gaucher) et de l'autre main passez l'extrémité du fil en boucle autour du chas. Tirez bien pour tendre le fil et marquer la pliure.
2 Dégagez cette boucle, placez le chas au-dessus et abaissez l'aiguille pour que le fil s'y engage.

Où commencer

Il est essentiel de respecter un ordre donné dans l'exécution d'une broderie.
• Mieux vaut broder en suivant régulièrement le motif, plutôt que de commencer en divers endroits et s'apercevoir ensuite que l'ouvrage ne forme pas un ensemble harmonieux.
• Si l'ouvrage réclame une forte densité de points, mieux vaut travailler du centre du motif vers l'extérieur – comme pour le Couvre-théière page 60.
• Avant de commencer, vérifiez que toutes les lignes du motif ont bien été reportées sur le tissu (voir page 16), surtout si ce motif est géométrique ou symétrique.

Début de l'aiguillée

La longueur du fil ne doit pas dépasser 50 cm. Un fil trop long fait non seulement travailler l'épaule et le bras de manière excessive, mais risque de se nouer, de se torsader et de s'effilocher.
• Dans la plupart des cas, la manière la plus propre de commencer une aiguillée est de faire quelques petits points sans nouer l'extrémité du fil, mais en la laissant dépasser dans le sens du travail – c'est-à-dire là où vous allez, dans la lancée, exécuter des points de broderie avec le même fil. Les points de broderie masquant ce début d'aiguillée doivent être exécutés avec le même fil ou un fil de même teinte.
• Dans le cas de points espacés – comme le point de nœud – ne pouvant masquer sur l'endroit le début de l'aiguillée, glissez le fil sous quelques points à l'envers. Évitez de glisser un fil foncé sous des points brodés avec un fil clair ou inversement, car il pourrait se voir. Pour commencer à un endroit non brodé, laissez une grande longueur de fil sur l'envers ; vous l'intégrerez alors ultérieurement à votre broderie.

Fin de l'aiguillée

Pour terminer une aiguillée et arrêter le fil, vous pouvez procéder de la même manière :
• Si vous continuez avec un fil de même couleur, faites quelques petits points qui seront recouverts par l'aiguillée suivante. Une fois ces points recouverts, coupez l'extrémité du fil.
• Si vous continuez avec un fil d'une autre teinte, glissez la fin de l'aiguillée sous quelques points, à l'envers de l'ouvrage. Évitez de faire passer des fils sous un espace non brodé : ils pourraient se voir ou même, faire gondoler l'ouvrage.

N'oubliez pas de couper les fils après les avoir arrêtés ; si vous les laissez, ils s'emmêleront et vous gêneront.

Comment utiliser ce livre

Points

Pour faciliter la consultation de cet ouvrage, les points de broderie ont été classés en points de contour, de bordure, de remplissage et d'ornementation. Bien que cette classification ait été dictée par les emplois les plus courants de chacun des points, la plupart d'entre eux sont néanmoins assez polyvalents pour figurer dans chacune de ces catégories. Ainsi, le point de chausson, employé comme point de contour dans le Patchwork à motifs rouges page 27, est employé comme point d'ornementation dans le Patchwork de type « crazy » page 90. En outre, tous les points linéaires, s'ils sont exécutés en lignes serrées, peuvent être employés comme points de remplissage (voir le Coussin « échantillon » à motif cachemire page 44), et le point de croix peut quant à lui figurer dans chacune des catégories.

Fils

Les fils recommandés pour l'exécution des travaux proposés dans ce livre sont tous couramment employés en broderie. Rien ne vous empêche de remplacer un fil de coton par un fil de soie, un fin coton perlé par un coton à broder, ou d'employer tout autre type de fil, s'il convient mieux au tissu choisi que le fil spécifié. Mais veillez à ce qu'il soit de même grosseur, si vous voulez obtenir un effet similaire à celui présenté.
Si vous recherchez un effet différent, faites des essais en associant divers types de tissus et de fils pour juger du résultat final.

Quantités

La quantité de fil nécessaire à l'exécution d'un ouvrage dépend de la manière dont on brode : les points peuvent être plus ou moins serrés ou tendus, les fils d'arrêt en début et fin d'aiguillée plus ou moins longs. Les quantités indiquées pour chacun des ouvrages présentés ne peuvent donc qu'être approximatives, d'autant que beaucoup sont anciens.

Couleurs

Les fils à broder du commerce sont teints avec assez de régularité pour que l'on puisse retrouver exactement la même nuance si l'on doit se réapprovisionner. Les laines font parfois exception, mais de légers écarts de nuances ne sont pas forcément gênants.

Entretien des ouvrages

N'hésitez pas à vous servir d'un ouvrage que vous aurez brodé. Si vous avez veillé à ce que les points d'arrêt soient solides, utilisez-le sans crainte. Étant donné le nombre d'heures investies dans son exécution, il serait dommage de le ranger au fond d'un placard de peur de l'endommager. Si vous entretenez votre ouvrage régulièrement, vous pourrez en profiter pendant de longues années, surtout si les matériaux qui le composent sont de bonne qualité.

Ouvrages anciens

Vous êtes peut-être en possession de belles broderies anciennes, acquises par héritage, achetées ou réalisées dans votre enfance. Pourquoi ne pas en profiter ? Amusez-vous à les détourner de leur destination initiale. Ainsi, page 68, l'emploi d'une nappe en rideau met parfaitement en valeur la frise qui la borde. Vous pouvez aussi assembler plusieurs napperons pour réaliser un couvre-lit en patchwork ou pour recouvrir des coussins. Si le tissu est taché ou usé, mais la broderie intacte, récupérez-la et utilisez-la en application sur un dessus-de-lit, un rideau, une cantonnière ou un bandeau d'étagère.

Les broderies anciennes ont souvent des teintes passées qui ajoutent à leur charme. Évitez de les lavez, cela les abîmerait. Encadrez-les et accrochez-les au mur à l'écart du soleil.

Lavage

Aussi solides qu'elles soient, les teintes finissent par passer si les ouvrages sont exposés à une lumière vive. De même, leurs fils peuvent être rongés par la poussière s'ils ne sont pas entretenus. Il est donc essentiel de les maintenir en parfait état de propreté.

À l'exception des ouvrages sur canevas, la plupart des broderies sont lavables. Si les fils ont été bien arrêtés (voir page 18) et si les teintes sont solides, vous pouvez même laver les grands ouvrages à la machine, programmée sur un cycle doux.

La tenue des couleurs au lavage est moins bonne qu'autrefois. Ainsi, pour éviter qu'ils ne déteignent, mieux vaut laver les cotons grand teint dans une grande quantité d'eau très chaude, plutôt qu'à l'eau tiède ou froide et utiliser une lessive peu agressive et bien dissoute. N'essorez pas vos ouvrages à la machine, mais enroulez-les dans une serviette éponge blanche et pressez-les délicatement avant de les étendre pour les faire sécher. Repassez-les quand ils sont encore un peu humides, sur l'envers pour ne pas aplatir la broderie. Les broderies mettent parfois plus de temps pour sécher que le tissu. Laissez bien sécher l'ouvrage à plat après le repassage.

Ne lavez jamais une broderie ou une tapisserie sur canevas. Non seulement le lavage ferait rétrécir le canevas, mais il supprimerait l'apprêt qui lui confère sa rigidité. En outre, les fils de laine se feutreraient et perdraient leur attrait. Un bon nettoyage à la vapeur devrait suffire à dépoussiérer un tel ouvrage, mais s'il est vraiment sale, le nettoyage à sec est recommandé.

Rangement

La meilleure façon de ranger les ouvrages peu utilisés est de les entourer de papier de soie et de les étendre à plat dans un tiroir. Évitez les sacs qui sont en plastique : ils empêchent le tissu de respirer et attirent la poussière.

Veillez à ce que vos ouvrages soient entièrement enveloppés, car le moindre bout de tissu qui dépasserait finirait par jaunir, puis recouvrez-les d'un drap.

Contours délicats

La broderie de contour, évoquant un dessin au trait, est sans doute l'une des plus anciennes techniques de broderie : on la retrouve dans la tapisserie de Bayeux, qui a plus de 900 ans. C'est la vente de motifs d'ouvrages aux contours déjà brodés qui la remit au goût du jour dans les années 1880. En Amérique, elle connut un vif succès, avec la publication de motifs, aussi bien dans la presse féminine que dans les magazines d'art. Un auteur américain écrivait alors : « la beauté d'un tel ouvrage tient essentiellement à la grâce et à la fidélité de la forme, cette technique faisant appel à la fois à l'instinct poétique et à l'habileté manuelle ». Appréciation bien subjective, car la popularité de cette broderie tenait surtout à sa facilité d'exécution, l'« habileté manuelle » intervenant peu, étant donné la simplicité des dessins.

Les ouvrages étaient généralement brodés d'une seule couleur et pour des raisons de mode sans doute, la couleur la plus employée fut le rouge. Ils furent désignés globalement sous le nom de « broderie rouge ». Des proverbes ou des pensées étaient souvent intégrés aux motifs, comme ceux-ci, brodés sur deux taies d'oreiller : « Je me suis endormi en rêvant que la vie était belle » et « J'ai trouvé à mon réveil que la vie était cruelle ».

Points linéaires

Les points linéaires sont des points d'une grande simplicité et la broderie de contour est la technique qui se rapproche le plus du dessin au trait. Elle permet aux brodeurs, même débutants, d'interpréter avec succès des sujets simples. Sa monochromie, mettant plus en valeur le motif que le point utilisé, lui confère un charme naïf. Mais rien ne vous empêche d'exécuter des ouvrages plus ambitieux, d'agrémenter les dessins de « hachures » figurant les ombres, ou d'employer des fils de teintes et de textures variées. Brodés en lignes parallèles plus ou moins serrées, ces points peuvent aussi servir de points de remplissage. Le point de chaînette est souvent utilisé de cette façon, de même que le point de tige (voir Coussin « échantillon » à motif cachemire page 44).

Point avant

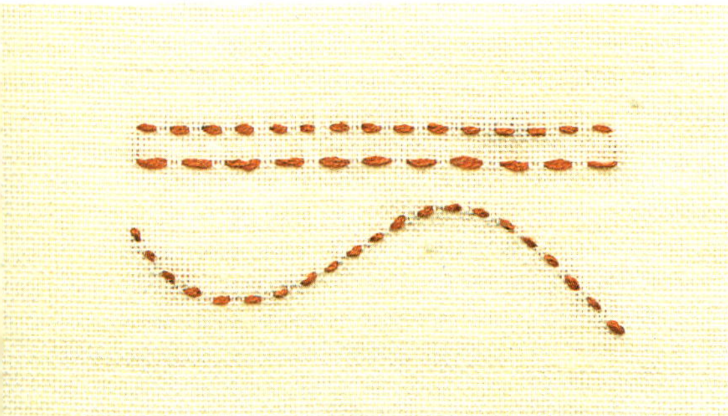

C'est le plus simple de tous. Utilisé en couture comme en broderie, il sert à la fois de point de renfort et d'ornement. Il compose une ligne pointillée où espaces et points sont d'égale longueur. En broderie, il permet d'alléger certaines lignes, comme les tiges des plantes, chaque fois que l'on estime préférable de suggérer simplement leur présence plutôt que de les souligner avec netteté.

Travaillez de droite à gauche. Plantez et sortez l'aiguille de façon à dessiner une ligne pointillée plus ou moins fine selon les besoins (fig. 1).

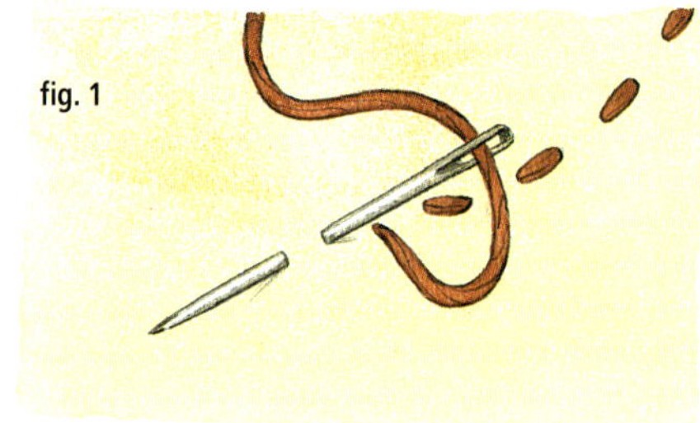

fig. 1

Point avant surjeté

Vous pouvez entrelacer un point avant d'un fil de couleur contrastante (fig. 2). Vous obtiendrez ainsi une jolie frise très décorative, simple et rapide à exécuter. Le point entrelacé s'effectue après avoir brodé le point avant et se travaille en surface, sans transpercer le tissu. Une petite aiguille à tapisserie à bout rond facilite le travail, car elle glisse sous les points sans partager le fil et sans accrocher le tissu. Ce point a été employé pour embellir certaines coutures du Patchwork de type « crazy » (voir page 90).

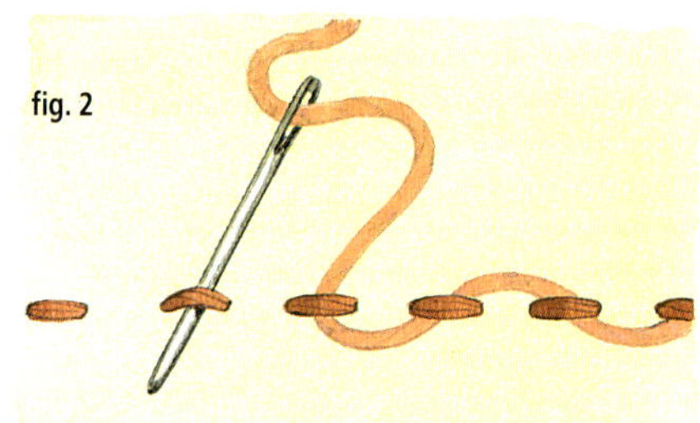

fig. 2

Point arrière

C'est un point linéaire continu, idéal pour broder de longues lignes droites, comme dans le Bandeau à motif indien page 64. Il peut aussi servir à broder des courbes, mais le point de tige offre alors plus de souplesse. Il se compose d'un grand point effectué de droite à gauche sous le tissu, suivi d'un point arrière deux fois plus court, réalisé en piquant l'aiguille à l'extrémité du dernier point (fig. 3).

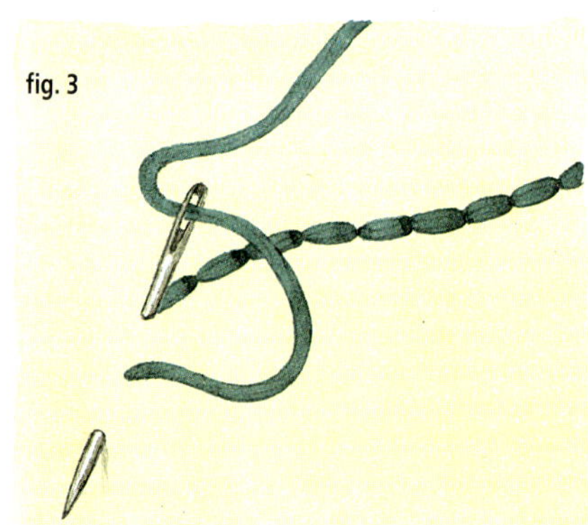

fig. 3

Point de Pékin (rebrodé)

Il s'agit d'un point arrière entrelacé de boucles (fig. 4). Comme pour le point avant surjeté, le second point se travaille avec une aiguille à bout rond. La tension du fil doit être lâche, mais régulière. Vous pouvez aussi entrelacer plusieurs fils et réaliser, à partir d'un point très simple, de multiples combinaisons de couleurs et de textures.

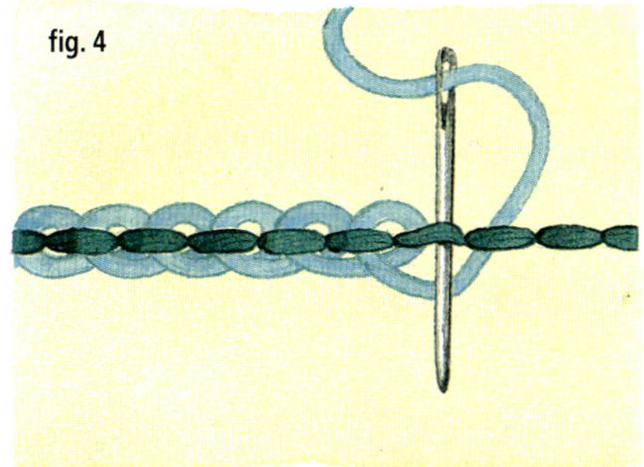

fig. 4

Point de tige

Il est employé, comme son nom l'indique, pour broder les tiges des fleurs, mais permet aussi de souligner les contours des motifs d'une ligne pleine et régulière. Les points se chevauchent, et selon leur inclinaison, composent une ligne plus ou moins large. Plus l'aiguille est inclinée par rapport au trait, plus le point est épais (fig. 5) ; inversement, plus elle s'approche de l'axe du trait, plus le point est fin.

1 Commencez par un point avant, plus ou moins incliné selon le résultat recherché.

2 Continuez en faisant des points parallèles au premier, décalés les uns par rapport aux autres.

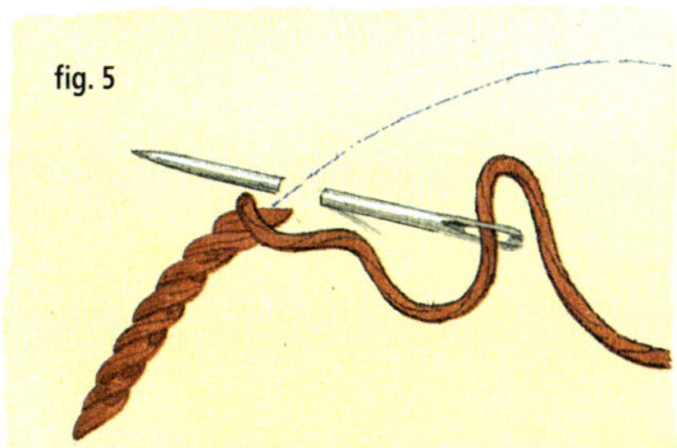

fig. 5

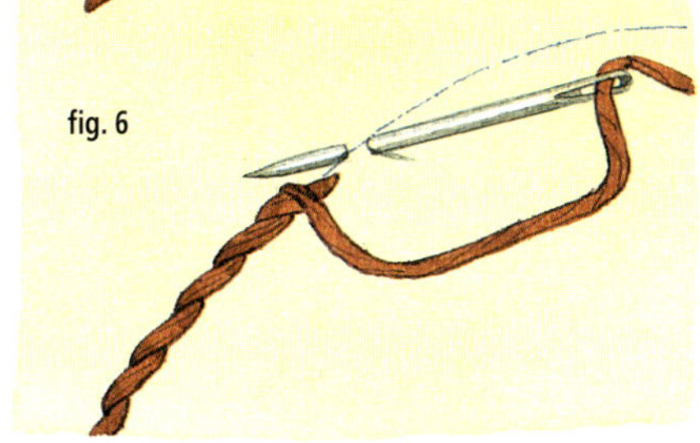

fig. 6

Point de chaînette

Simple et rapide à exécuter, ce point fait néanmoins beaucoup d'effet. C'est le point de base de la broderie de laine (« crewel ») des tribus indiennes, réalisée selon la technique de la « broderie au tambour » : un crochet spécial est utilisé pour ramener le fil de l'envers vers l'endroit au travers du tissu tendu sur un tambour à broder. Les premières machines à coudre travaillaient ainsi, produisant alors un point de chaînette et non un point de piqûre droit comme aujourd'hui.

Il en existe de nombreuses variantes, mais c'est le plus simple qui a servi à l'exécution des Pensées brodées à la laine (voir page 30), avec une aiguille à tapisserie à bout pointu.

1 Sortez l'aiguille et formez une boucle avec le fil, que vous maintenez du pouce gauche. Repiquez l'aiguille près de la sortie du fil et ressortez-la dans le sens choisi pour l'alignement des bouclettes, en passant le fil sous la pointe (fig. 7).

2 Tirez l'aiguille puis continuez de la même façon (fig. 8).

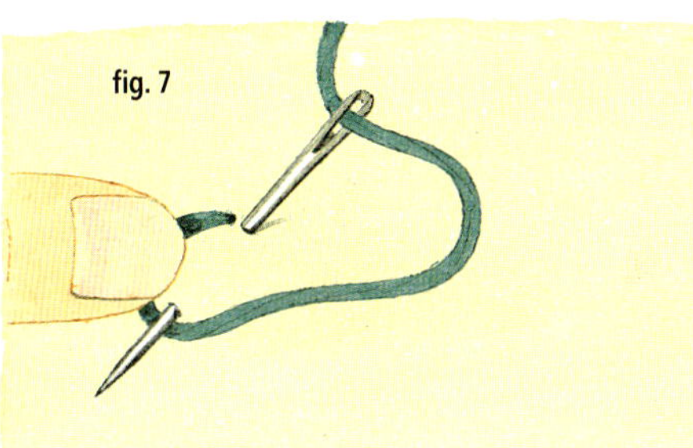

fig. 7

fig. 8

Patchwork aux broderies naïves

Points employés
point de tige (page 25),
point de nœud (page 76),
point de chausson (page 76).

Cet ouvrage d'origine américaine est composé de quatre-vingt dix pièces brodées de motifs différents, parfois assez surprenants. Son charme réside dans la simplicité et la naïveté des dessins et dans l'inclusion, au sein de motifs floraux ou animaliers plus traditionnels, de motifs plutôt insolites – pomme de terre, seau ou morceau de fromage par exemple. Certains de ces motifs sont reproduits ci-dessous et dans les pages suivantes. Vous pouvez les utiliser, mais votre ouvrage aura encore plus d'intérêt s'il est composé de motifs et symboles personnels évoquant votre vie quotidienne, car c'est l'originalité des dessins qui en fait la valeur.

Autrefois, ces patchworks étaient souvent le fruit d'un travail collectif. Il semble cependant que ce ne soit pas le cas de l'ouvrage présenté, car il est brodé d'une manière très régulière. Il fait un superbe panneau décoratif mural (voir page 23) mais pourrait tout aussi bien servir de nappe.

Fournitures

Drap de coton – le métrage dépend du nombre de carrés que vous souhaitez assembler. Ici, les carrés font 21 cm de côté ; comptez 2 cm de plus pour les coutures
Aiguille à broder n° 5 ou 6
Coton mouliné de la teinte de votre choix

Exécution de la broderie

1 Dessinez chaque motif sur un carré de papier distinct – reprenez ceux qui sont reproduits ci-après ou imaginez-en d'autres. Reportez-les sur le tissu en employant l'une des méthodes décrites pages 16-17.
2 En utilisant toujours six brins de fil à la fois, brodez séparément chacun des carrés. Exécutez tous les contours au point de tige et rajoutez les détails, tels le cœur des fleurs ou les yeux des animaux, au point de nœud.

Assemblage

1 Étalez les carrés sur une grande table ou sur le sol et associez-les de la façon la plus harmonieuse.

Assemblez-les par bandes à la machine. Les marges de couture ne doivent pas faire plus d'1 cm. Recoupez-les éventuellement, puis ouvrez-les et repassez-les.
2 Cousez ces bandes ensemble, recoupez les marges de couture, pour les repasser, ouvrez-les. Auparavant, faufilez les bandes afin que les carrés restent bien en place quand vous les coudrez à la machine.
3 Habillez les coutures d'un point de chausson qui, non seulement les masquera à l'endroit, mais maintiendra le tissu à l'envers et empêchera qu'il s'effiloche. Faites un double rentré sur le pourtour de l'ouvrage et maintenez-le aussi d'un point de chausson qui vous dispensera de faire un ourlet.

Voici, en taille réelle, l'un des motifs les plus insolites de l'ouvrage présenté. Vous trouverez dans les pages suivantes d'autres motifs intéressants à reproduire.

Voici quelques-uns des motifs ornant le patchwork, représentés en taille réelle. Décalquez-les et reportez-les sur votre tissu, en leur associant les motifs de votre choix.

Pensées brodées à la laine

Points employés
point de chaînette (page 25),
point de tige (page 25),
point de bouclette (page 75).

Très en vogue à la fin du siècle dernièr et au début de ce siècle, les pensées redeviennent à la mode. Leur forme assez simple et la disposition régulière de leurs pétales en font d'excellents sujets pour la broderie linéaire. Ces fleurs se distinguent aussi par la beauté et la richesse de leurs teintes, que les nuances douces et variées des fils de laine mettent particulièrement bien en valeur.

La broderie au fil de laine ou broderie « crewel » – souvent utilisée au dix-septième siècle en Europe et en Nouvelle-Angleterre pour orner les tentures murales – s'exécutait alors avec une laine à broder assez fine, souvent appelée laine « crewel », fil torsadé à deux brins. On ne sait pas exactement si ce nom de « crewel » était à l'origine celui de la laine ou de la technique.

Les ouvrages traditionnels font parfois appel à des points très sophistiqués dont la maîtrise exige une grande dextérité. Toutefois, comme pour les ouvrages brodés au fil de coton ou de soie, on peut obtenir d'excellents résultats avec des points très simples. Le bouquet de pensées ornant le coussin a été brodé pour l'essentiel au point de chaînette utilisé ici comme point de contour, mais pouvant aussi servir de point de remplissage. Certains détails sont réalisés au point de tige et au point de bouclette.

Fournitures

Pour le coussin :
Tissu de doublure de 50 x 50 cm
Fermeture éclair de 35 cm
Fil à coudre assorti
Coussin à habiller de 45 x 45 cm
Pour la cordelière (facultatif) :
3 écheveaux de 10 m de laine à tapisserie (à un fil) ou de laine à tricoter (à deux fils) d'une teinte soutenue (ici, le bleu de Prusse)
Fil à boutonnière ou fil à coudre (à employer en double) assorti au tissu
Aiguille à broder n° 2 ou 3
Pour la broderie :
Fin sergé de lin de 50 x 50 cm
Aiguille à tapisserie à bout pointu n° 22
Carton ou papier rigide de 50 cm x 50 cm
Laine anglaise Appletons ou Paterna dans les tons présentés page 33

Exécution de la broderie

1 Agrandissez de 156 % le motif de la page 33 à la photocopieuse. Transférez ce motif sur le lin en utilisant la méthode 2 ou la méthode 3 présentées page 17.

2 Brodez alors le contour des pensées d'un ou plusieurs rangs de point de chaînette dans les coloris indiqués. Le sens du point n'a pas d'importance. Puis brodez les fleurs de la chope – les pétales au point de bouclette et les tiges au point de tige.

3 Lorsque le motif est entièrement brodé, découpez dans le carton une « fenêtre » de 33 cm de côté. Centrez-la sur la broderie puis tracez son contour interne sur le tissu, à l'aide d'un crayon. Ce trait vous servira de guide pour réaliser la frise encadrant le motif.

4 Brodez deux rangs de point de chaînette sur ce trait – l'un en bleu de Prusse, l'autre en bleu gris. Doublez-les d'une ligne de croix tracées au crayon à main levée, sans souci de régularité, brodées en bleu clair au point de chaînette.

Cette fleur reproduite isolément vous donne une idée de la taille réelle de l'ensemble du motif.

fig. 1

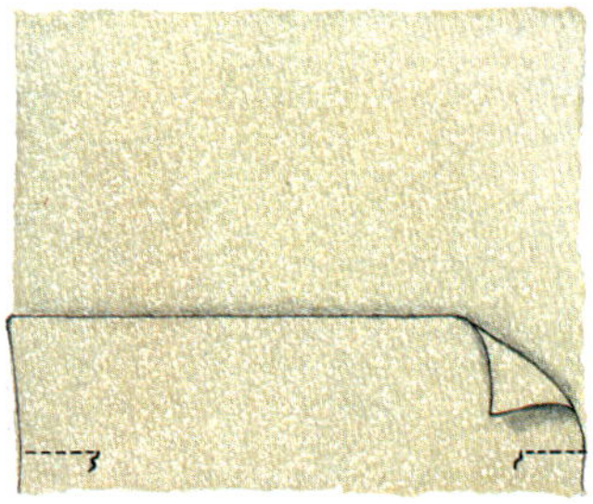

fig. 2

fig. 3

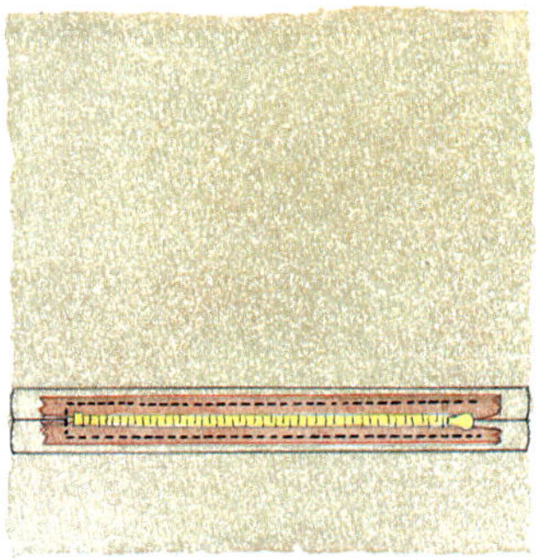

Assemblage du coussin

1 Coupez une bande de 15 cm dans le tissu de doublure. On obtient ainsi deux morceaux de tissu.

2 Placez les deux morceaux bord à bord, endroit contre endroit. Centrez la fermeture éclair et marquez sa position. Piquez à la machine jusqu'aux repères (fig. 1). Posez le tissu à l'envers sur une planche à repasser. Ouvrez les marges de couture et repassez-les (fig. 2). Positionnez la fermeture éclair, faufilez-la puis cousez-la à la machine (fig. 3).

3 Posez la broderie à l'envers sur une surface propre. Tracez au crayon une ligne à 5 cm du bord extérieur des deux rangs qui encadrent le motif.

4 Placez doublure et broderie endroit contre endroit et assemblez-les à la machine en suivant cette ligne. Ne conservez que 2 cm de tissu au-delà de la ligne de couture et coupez les angles en biais. Retournez cette housse et insérez la garniture.

Fabrication et pose de la cordelière

1 Partagez en trois chaque écheveau de laine. Nouez, trois par trois, ces morceaux d'environ 3,30 m, à une extrémité.

2 Attachez l'un de ces groupes de trois fils à un crochet mural ou une poignée de porte. Tendez bien et torsadez à la main ou avec un crayon dans le sens des aiguilles d'une montre jusqu'à ce qu'il s'entortille. Pour le maintenir tendu, épinglez-le à chaque bout ou lestez-le d'un poids.

3 Torsadez les autres groupes de fils, de façon à obtenir trois torsades égales.

4 Torsadez-les alors ensemble dans le sens inverse des aiguilles d'une montre pour obtenir une grosse cordelière serrée.

5 Ouvrez la couture au bas du coussin sur environ 4 cm.

6 À partir de cette ouverture, cousez la cordelière à la main à points serrés, mais sans tirer sur le fil pour ne pas faire plisser le coussin.

7 Après avoir cousu la cordelière tout autour du coussin, insérez ses extrémités dans l'ouverture de 4 cm (fig. 4). Rabattez le tissu et faites un point de surjet fin et serré (fig. 4).

fig. 4

	Laine Appletons	Laine Paterna
Lie de vin	148	900
Lavande	102	313
Violet	456	311
Indigo	106	571
Bleu violet	106	570
Bleu de Prusse	925	511
Bleu gris	923	513
Vert genévrier	157	520

	Laine Appletons	Laine Paterna
Bleu pâle	521	506
Vert olive pâle	343	653
Vert moyen	354	603
Vert sombre	546	691
Orange	473	726
Jaune	351	773
Jaune pâle	872	764
Blanc	991	261

Quantité

Un écheveau dans chaque ton suffit si vous achetez de la laine Appletons. Si vous achetez une laine d'une autre marque, doublez la quantité pour les deux tons de bleu de la frise au point de chaînette car les écheveaux sont en général moins fournis.

NB La laine Appletons est une laine à un fil, alors que la laine Paterna est une laine à trois fils. La broderie doit être exécutée avec un seul brin de laine.

Agrandissez le motif de 156 % à l'aide d'une photocopieuse. Décalquez ses contours et transférez-les sur votre tissu.

Frises élégantes

Les points de broderie agrémentant les ensembles ajourés d'un ouvrage font partie des points les plus utilisés en broderie. Ils offrent l'avantage d'être à la fois décoratifs et fonctionnels. Ainsi, le point de feston serré, employé pour souligner des motifs ajourés, renforce le bord des découpes – dispensant ainsi d'ourler le tissu – et souligne avec élégance leurs contours.

Les jours à fils tirés, traditionnellement employés pour embellir les ourlets du linge de maison, peuvent être sobres et élégants, ou plus sophistiqués et davantage décoratifs. Ils jouent eux aussi un double rôle, maintenant les ourlets tout en les décorant. Les jours sans fils tirés peuvent avoir le même emploi, mais leurs capacités ornementales sont plus limitées.

Quant aux points d'incrustation, également abordés dans ce chapitre, ils sont utilisés pour réunir deux pièces de tissu, formant des entre-deux d'une grande finesse. Cette technique, présentée ici sur une taie d'oreiller, peut aussi

être utilisée pour des jupons ou des chemises de nuit, remplaçant avantageusement des coutures d'assemblage plus classiques.

Points de bordure

Il existe trois sortes de points de bordure : ceux qui sont destinés à orner les bords mêmes d'un ouvrage, ceux qui en maintiennent et soulignent les ourlets, et ceux qui servent à relier les bords de deux pièces de tissu.
Les premiers incluent le point de grébiche, exécuté à cheval sur le bord replié de l'ouvrage, et le point de feston. Semblable à un point de grébiche serré, il forme un bourrelet compact et rigide au ras duquel on découpe le tissu. Quand les découpes sont importantes, brides festonnées ou doubles brides festonnées apportent un renfort supplémentaire, et ont un rôle ornemental.
Les deuxièmes, soulignant un ourlet, sont les jours à fils tirés ou sans fils tirés. Les jours sont créés soit en tirant des fils, les fils restants étant rebrodés, soit en resserrant un nombre régulier de fils à l'aide de divers points. Enfin, les derniers, appelés points d'incrustation, sont des points ajourés reliant deux pièces de tissu.

Point de grébiche

Exécuté à cheval sur le bord replié du tissu, le point de grébiche apporte une touche de finition colorée au linge de maison, tels les nappes et les draps.
1 Pour commencer, faites sortir le fil sous l'arête du pli pour l'ancrer solidement (fig. 1).
2 Piquez alors l'aiguille à la base de l'ourlet, puis ressortez-la sur l'arête, en faisant passer le fil sous l'aiguille (fig. 2).

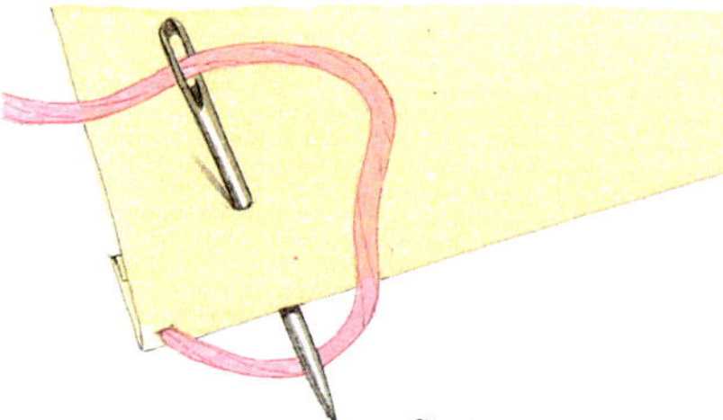

fig. 1

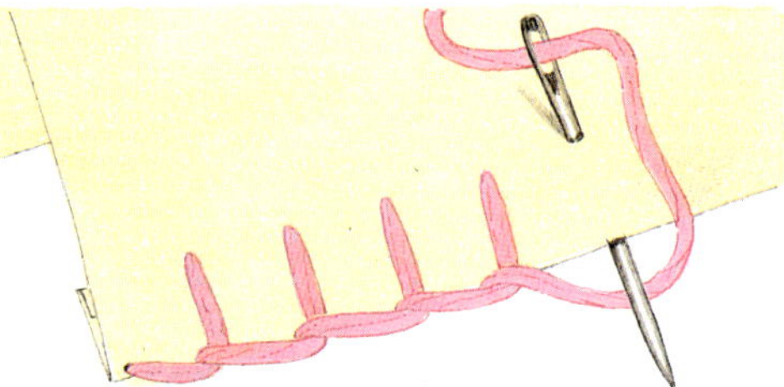

fig. 2

Point de feston

Ce point (fig. 3) s'exécute comme le point de grébiche, mais en travaillant de façon plus serrée, cela pour maintenir fermement le tissu s'il doit être découpé ensuite.

Il peut être point de boutonnière, ou de broderie ajourée. Dans cette technique, le contour de certains motifs est brodé au point de feston, puis ces motifs sont évidés pour créer un effet de dentelle. Pour renforcer encore plus les bords des découpes, le point de feston peut être précédé d'un point avant (fig. 4).

Le point de feston peut aussi servir de point de remplissage pour recouvrir un espace entre des motifs – on brode alors plusieurs rangées côte-à-côte, en piquant dans l'arête bouclée de la rangée précédente – ou pour recouvrir un motif, la hauteur des points étant alors ajustée aux formes du motif.

fig. 3

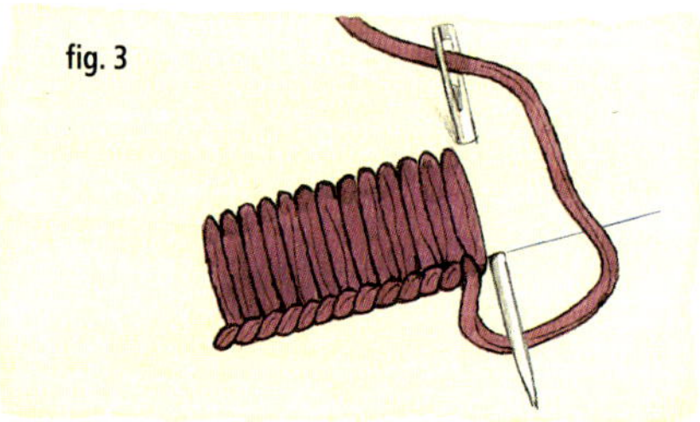

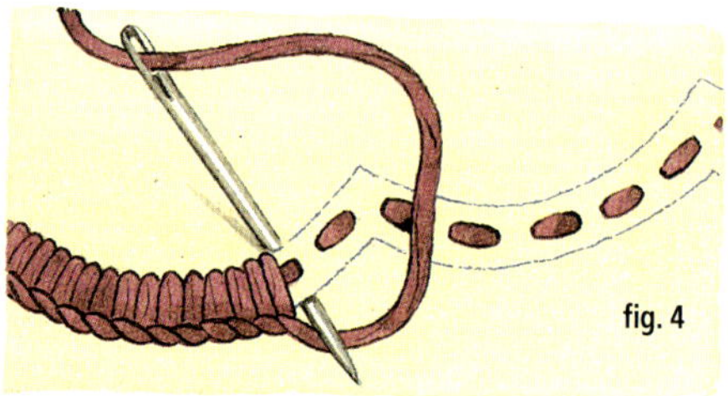

fig. 4

Brides festonnées

Ces brides ne sont pas seulement décoratives. Elles servent surtout à consolider les découpes.

1 Faites un point avant jusqu'au point de naissance de la bride. Faites alors un grand point pour reliez le bord opposé du motif, puis encore un aller-retour, en prenant chaque fois un peu de tissu (fig. 5).

2 Enveloppez ces points lancés d'un point de feston très serré, sans piquer le tissu (fig. 6).

3 Poursuivez au point avant tout autour du motif (fig. 7).

4 Puis recouvrez-le d'un point de feston. Évidez alors le motif avec de petits ciseaux pointus en veillant à ne pas endommager la broderie (fig. 8).

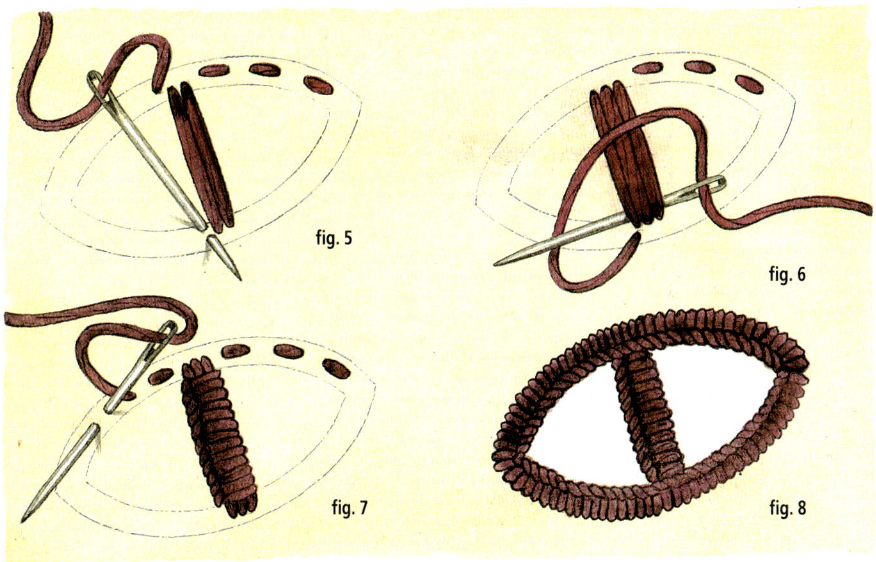

Double bride festonnée

Pour consolider des découpes longues et étroites – tiges de fleurs, par exemple – mieux vaut exécuter des brides composées d'un double point de feston.

1 Exécutez un point avant reliant les deux bords parallèles du motif et recouvrez-le d'un point de feston légèrement espacé.

2 Puis exécutez en vis-à-vis un second point de feston dont les points viennent s'imbriquer dans les premiers (fig. 9).

3 Poursuivez ensuite en brodant les contours du motif d'un point de feston serré.

4 Évidez le motif en coupant le tissu au ras du point de feston, l'espace ajouré étant alors enjambé par une double bride large et solide (fig. 10).

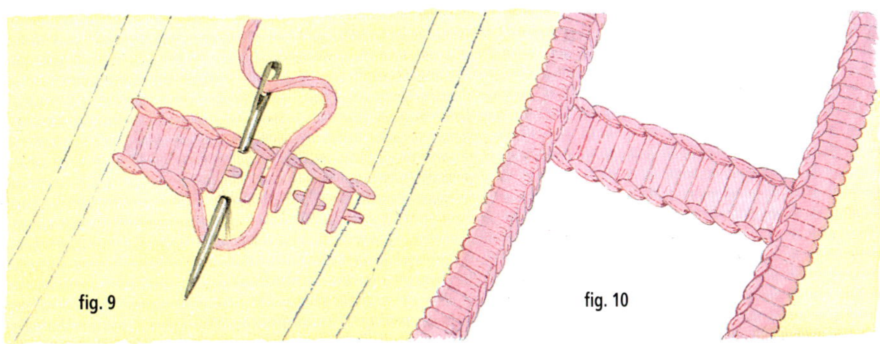

Jours à fils tirés

Les jours à fils tirés s'exécutent en retirant certains fils de chaîne et de trame du tissu, les fils restants étant rebrodés de différents points. Simples ou sophistiqués, ils permettent de souligner avec élégance l'ourlet d'un ouvrage. Les toiles régulières – dont les fils s'entrecroisent un à un – sont les tissus les mieux adaptés à ce genre de travail. Il est également conseillé d'employer pour broder, un fil de même grosseur que les fils du tissu.

Exécution d'un jour simple
C'est l'un des points les plus simples qui soient employés pour la réalisation de jours à fils tirés. Le nombre de fils tirés peut varier en fonction de la finesse du tissu et de l'effet souhaité.
1 Tracez ou marquez au fer la ligne correspondant au bord intérieur du futur ourlet. Prévoyez deux fois la largeur de l'ourlet plus un rentré.
2 Tracez une seconde ligne, parallèle à la première, délimitant le jour et coupez les fils que vous enlèverez, au milieu du tissu. Retirez, un à un, de deux à quatre fils le long de l'ourlet.
3 Repliez l'ourlet et maintenez-le d'un point de bâti juste au ras du jour.
4 Brodez de droite à gauche en ressortant l'aiguille sous le deuxième fil en dessous du jour. Assurez-vous chaque fois de bien piquer en même temps sur l'arrière, le bord de l'ourlet.
5 Passez l'aiguille derrière un groupe de quatre fils verticaux, puis revenez à nouveau avec votre aiguille à droite de ces quatre fils, repassez par derrière pour les réunir en faisceau et ressortez à la verticale du quatrième, deux fils plus bas (fig. 1).

Exécution d'un jour échelle
Pour obtenir un jour échelle, on exécute le même point, mais cette fois, de chaque côté du jour (fig. 2).

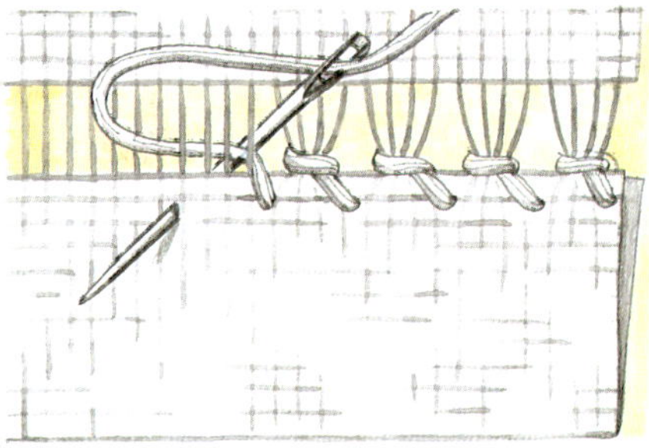

fig. 1

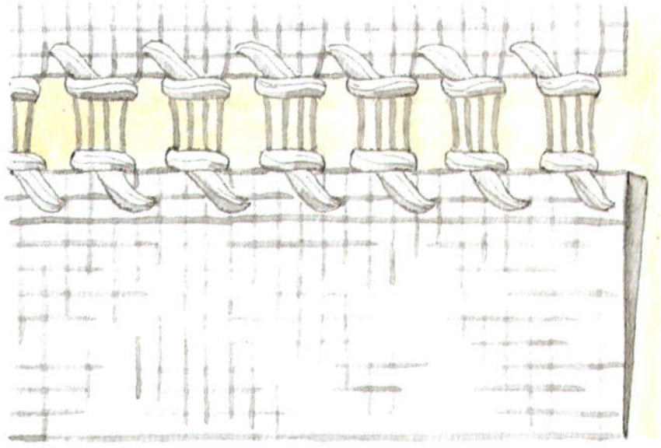

fig. 2

Jours sans fils tirés

Cette technique des jours sans fils tirés permet d'ajourer un tissu sans en couper les fils. Divers points de broderie permettent de resserrer ensemble plusieurs fils de façon à créer entre eux des espaces vides plus ou moins importants et régulièrement espacés. On peut ainsi décorer l'ensemble d'un ouvrage en associant divers points, ou souligner délicatement un ourlet – au point de Paris par exemple, comme on peut le voir en page suivante.

Une toile unie comme la toile de lin, sur laquelle les fils peuvent être aisément comptés, est idéale pour l'exécution de jours à fils non tirés. Utilisez une aiguille à tapisserie fine à bout rond, dont la pointe ne partagera pas les fils du tissu. Choisissez un fil à broder de même grosseur que ces derniers. Comme la netteté et la beauté de l'ouvrage dépendent entièrement de la tension régulière des points, l'emploi d'un tambour à broder est recommandé.

Point de Paris

Ce point à fils « resserrés » s'exécute de la même manière qu'un point de broderie destiné à la réalisation d'un jour simple ou d'un jour échelle. Les fils du tissu sont rassemblés par des points en bordure d'un ourlet pour le souligner sobrement. On enroule le fil deux fois autour de deux ou trois fils du tissu, en piquant chaque fois le bord de l'ourlet sur l'envers (fig. 3 et 4).

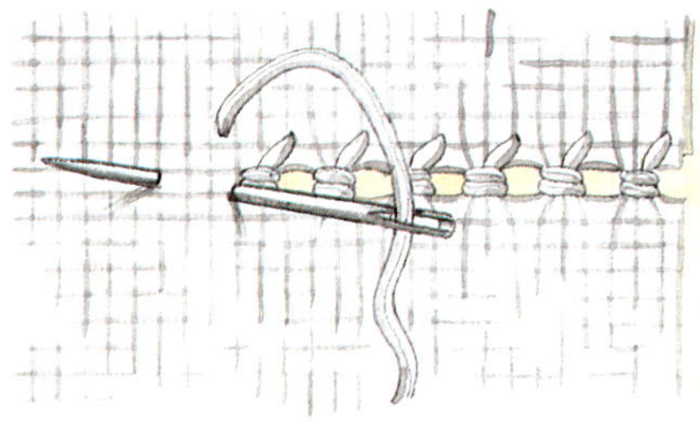

fig. 3

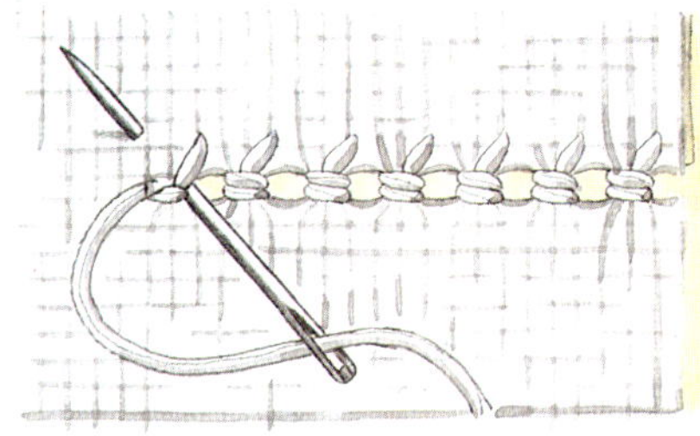

fig. 4

Points d'incrustation

Les points d'incrustation ou d'assemblage sont des points décoratifs qui relient deux pièces de tissu légèrement espacées. Ils peuvent être très simples ou beaucoup plus complexes ; trois des plus courants vous sont présentés ici.

Pour faciliter la broderie, on maintient en place les deux morceaux de tissu dont les bords sont disposés à environ 1 cm d'écart en les assemblant par une couture au point de bâti à une bande de papier kraft ou de toile rigide. Cette bande de maintien d'environ 5 cm de large est placée sous le tissu. Pour les points décrits ci-dessous, l'espace séparant les deux pièces de tissu ne doit être que de 5 mm ou moins, pour que la broderie ne soit pas trop lâche et trop fragile. Les bandes d'assemblage sont retirées une fois la broderie terminée.

Point d'arête ouvert

C'est l'un des points d'incrustation les plus simples. Il s'exécute comme un point d'épine (voir page 74), les points enjambant l'espace séparant les deux bords du tissu (fig. 5). Leur espacement doit être très régulier.

Point d'arête noué

Ce point s'exécute de la même manière que le point d'arête ouvert, mais il est complété d'un point de chaînette brodé à la base de chaque point (fig. 6).

Incrustation au point de feston

Ce point d'incrustation se compose de points de feston groupés (en général par quatre), brodés en alternance sur les bords des deux pièces de tissu (fig. 7). Celles-ci doivent être moins écartées l'une de l'autre que pour les deux points précédents.

En passant d'un bord à l'autre, la tension des fils intermédiaires doit toujours être très régulière. Sinon, les groupes de points de feston finiraient par se déformer.

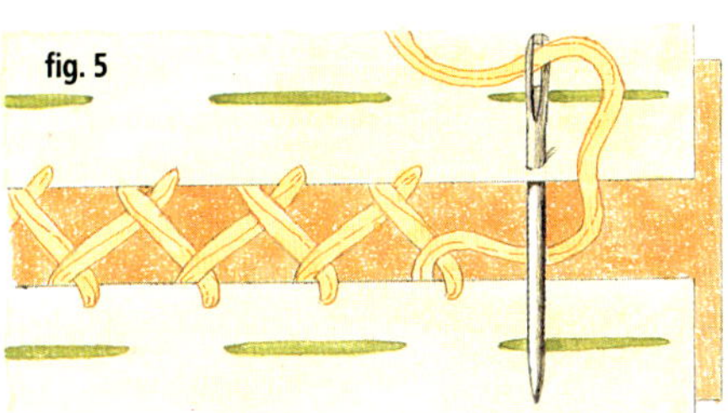

fig. 5

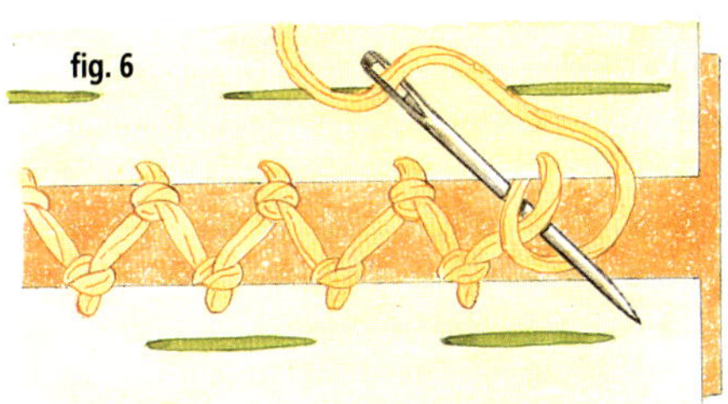

fig. 6

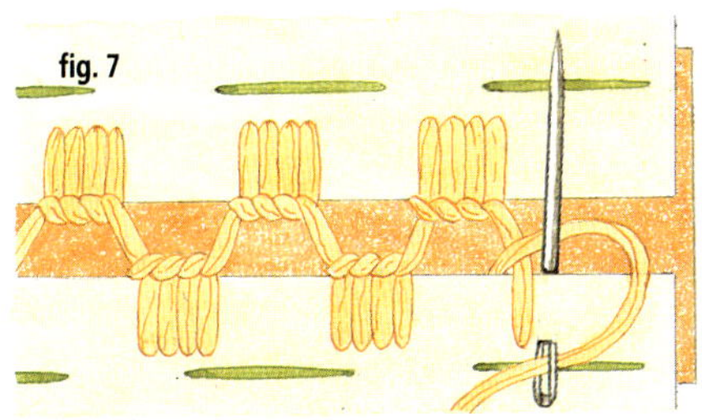

fig. 7

Frise ajourée

Points employés
point avant (page 24),
point de feston (page 36),
brides festonnées (page 37),
doubles brides au point de feston
(page 37).

La broderie ajourée consiste à évider les motifs ou le fond après en avoir brodé les contours. Quand le motif est dense, il faut savoir équilibrer espaces pleins et espaces vides. Le point de feston assure la solidité de ce type d'ouvrage, formant une bordure dense qui permet une découpe nette du tissu sans risque d'effilochage. Les découpes les plus larges sont renforcées de brides festonnées.

Le motif de feuilles présenté ici est assez libre pour être adapté à un ouvrage de n'importe quelle taille. Il peut orner les pans d'une nappe aérienne, comme celle illustrée ci-contre, ou border d'une large frise un rideau à l'impalpable légèreté (voir page 35). Pour mieux souligner les formes gracieuses des feuilles, c'est le motif lui-même qui a été évidé ici et non le fond. Brides et doubles brides festonnées consolident les motifs les plus larges. Mieux vaut utiliser un tambour pour broder ce type d'ouvrage, car un tissu aussi léger que l'organza se distend facilement. Vous trouverez pages 98-99 un autre motif de broderie ajourée, à fond découpé cette fois.

Fournitures
Organza blanc
Aiguille à broder n° 5 ou 6
Tambour à broder sur pied ou à fixer au rebord d'une table
Ciseaux à broder pointus
Coton à broder – DMC 746 ou Anchor 386 (deux écheveaux suffisent à la réalisation de l'ouvrage illustré)

Préparation du tissu
1 Les motifs de base de l'ouvrage sont reproduits ci-dessous. Les feuilles les plus larges sont renforcées d'une bride festonnée.
2 Reportez le motif sur le tissu de façon libre ou régulière – selon les méthodes 1 ou 3 décrites pages 16-17. Marquez l'emplacement des brides.

Exécution de la broderie
1 Montez le tissu sur un tambour à broder. Pour broder, laissez votre main droite sous l'ouvrage et votre main gauche au dessus. Si vous préférez travailler sans tambour, veillez à ne pas trop serrer les points, pour ne pas faire gondoler le tissu.
2 Commencez où vous voulez. Brodez un point avant au centre des doubles traits délimitant le contour des feuilles en n'oubliant pas de former les brides aux endroits indiqués. Puis bordez chaque motif d'un point de feston, dont l'arête doit être située sur le bord à découper.
3 Une fois la broderie terminée, entreprenez le découpage des motifs. À l'aide de ciseaux à broder pointus, découpez le tissu à l'intérieur des feuilles en partant du centre et en suivant soigneusement, pour finir, la bordure au point de feston. Prenez garde de ne pas sectionner les brides.

Finition de l'ouvrage
La finition dépend de la destination de l'ouvrage. Pour une nappe, ourlez le pourtour du tissu en pliant le tissu en biais dans les angles (voir page 94). Pour un rideau, faites un ourlet tubulaire sur le bord supérieur pour passer une tringle et ourlez le bord inférieur.

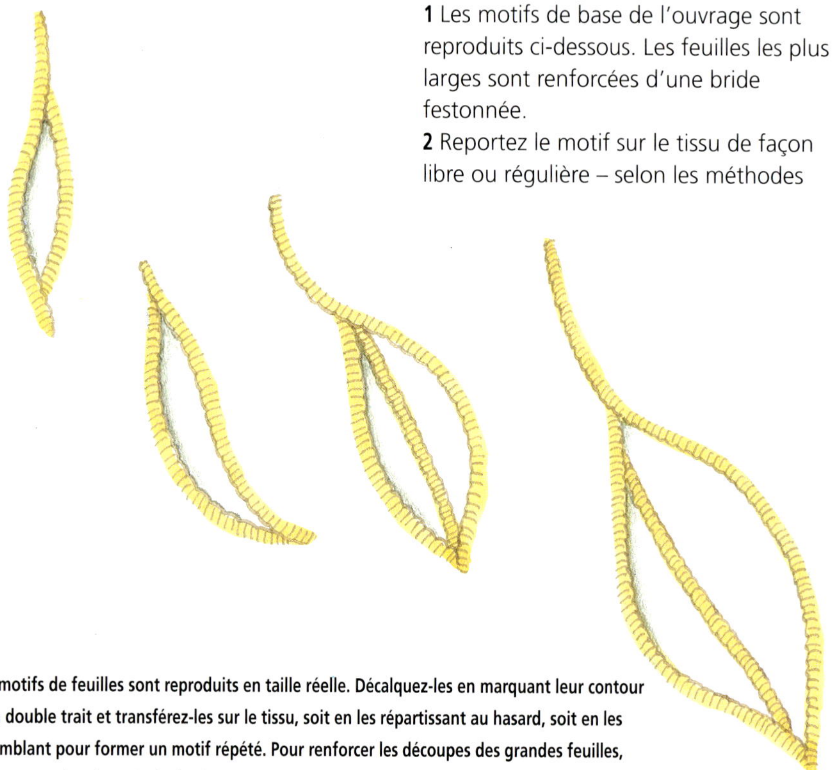

Ces motifs de feuilles sont reproduits en taille réelle. Décalquez-les en marquant leur contour d'un double trait et transférez-les sur le tissu, soit en les répartissant au hasard, soit en les assemblant pour former un motif répété. Pour renforcer les découpes des grandes feuilles, vous pouvez broder soit des brides soit des doubles brides festonnées.

Taie raffinée

Cette délicate broderie ajourée transforme une simple taie d'oreiller en un article raffiné. Composez ainsi une élégante parure de lit en brodant vos draps. Modifiez le diagramme ci-dessous pour que la taie soit adaptée à la forme de votre oreiller. Ce type de broderie est surtout employé pour le linge de maison – draps, nappes, napperons, essuie-mains et voilages.

Point employé
point d'incrustation (voir page 39).

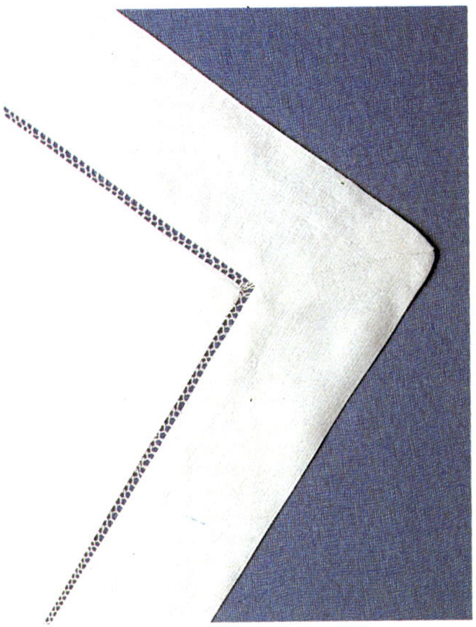

fig. 1 Prévoyez un écart de 5 mm pour la broderie et 6,5 cm pour le volant.

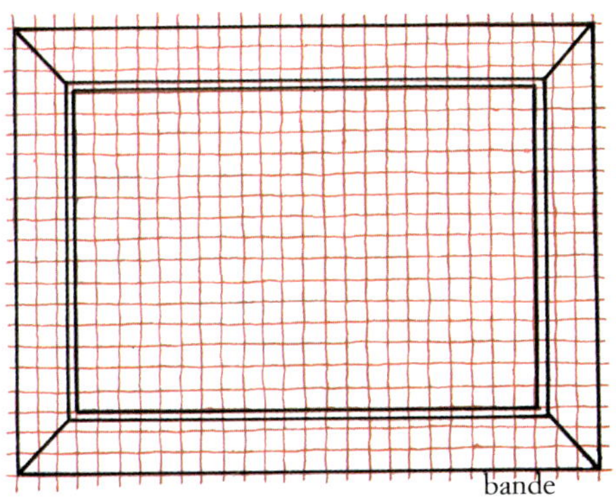

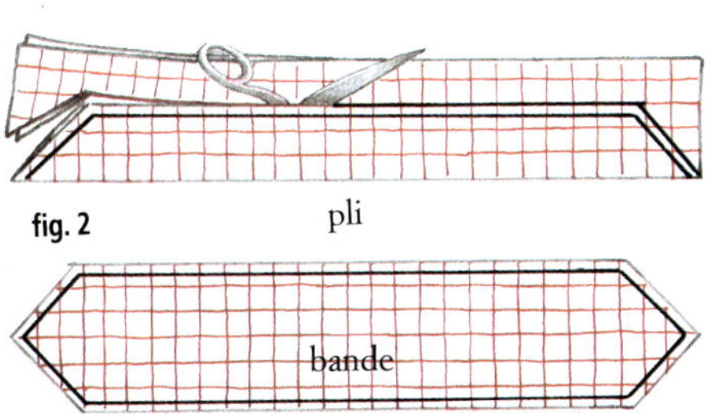

fig. 2

Fournitures

Pour la taie :
Papier pour patrons
Drap de lin ou de coton
Fil à coudre assorti au tissu
2 boutons
Pour la broderie :
Papier kraft, en bandes de 5 cm de large et d'une longueur égale aux côtés de la taie.
Aiguille à broder n° 4
Pelote de 10 g de coton perlé blanc n° 8

Confection du patron

1 Reportez le diagramme de la fig. 1 sur du papier pour patrons. Tracez à part une bande longue et une bande courte (fig. 2).
2 Repliez les bandes en deux dans le sens de la longueur et ajoutez 1 cm pour les coutures aux extrémités et sur le bord interne (fig. 2). Découpez.
3 Tracez le rectangle principal, en ajoutant une marge et découpez.

Découpe du tissu

1 Découpez deux rectangles, dont l'un fasse 3 cm de plus en longueur que le patron.
2 Découpez une bande de tissu de la largeur du rectangle et de 15 cm, sur laquelle seront cousus les boutons.
3 Découpez deux bandes courtes et deux bandes longues pour border la taie.

Exécution de la broderie

1 Repassez ces bandes en les pliant en deux, envers contre envers, dans le sens de la longueur. Repliez au fer sur l'envers les marges longitudinales.
2 Dépliez les bandes et posez les plus courtes sur les plus longues, endroit contre endroit en faisant coïncider deux extrémités. Épinglez et faufilez (fig. 3). Coupez la pointe en biais. Ouvrez au fer les coutures, puis repliez et aplatissez.
3 Repliez au fer sur l'envers les marges de couture du plus petit rectangle. Épinglez-le et faufilez-le, à l'endroit, sur les bandes de papier kraft.
4 Disposez les pans autour du rectangle, en insérant le papier entre les deux épaisseurs de tissu. N'épinglez et ne faufilez que l'épaisseur du dessus sur la bande de papier, en laissant un écart de 5 mm par rapport au rectangle formant le dessus de la taie.
5 Brodez sur tout le tour. Retirez les fils de bâti et les bandes de papier.
6 Épinglez l'autre épaisseur du bandeau sur l'envers, et cousez à points glissés.

Assemblage

1 Faites un ourlet de 3,5 cm sur l'un des côtés du plus grand des deux rectangles et repliez sur l'envers les marges de couture restantes en les aplatissant au fer. Posez ce rectangle sur le premier, envers contre envers, épinglez les côtés non ourlés et assemblez-les à points glissés. Cousez deux boutonnières.
2 Pliez la bande de boutonnage en deux dans le sens de la longueur, envers du tissu à l'intérieur. Marquez cette pliure au fer. Puis faites un petit rentré sur le pourtour de la bande, repliez-la et assemblez-la à points glissés. Ajoutez deux boutonnières.
3 Posez cette bande sur l'envers du dessus de taie, du côté ouvert, le bord long et les extrémités faufilées en bordure de la broderie. Épinglez et cousez à points glissés.
4 Cousez les boutons sur l'ourlet.

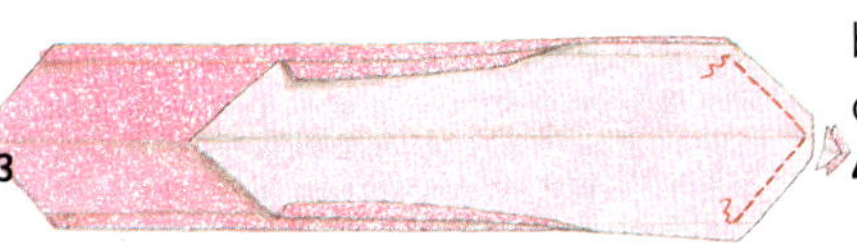

fig. 3

Coussin « échantillon » à motif cachemire

Points employés
Pour le contour des motifs :
point de feston (page 36).
Pour le remplissage des motifs :
point avant (page 24),
point avant surjeté (page 24),
point arrière (page 24),
point de Pékin (page 25),
point de tige (page 25),
point de chaînette (page 25),
point de grébiche (page 36).
Pour l'encadrement du motif :
jour simple, ne bordant pas l'ourlet
(page 38).

Un échantillon de broderie sert non seulement à l'apprentissage des différents points mais constitue aussi un ouvrage de référence utile pour de futurs travaux. Son exécution a donc un but plus pratique qu'esthétique, les erreurs ou irrégularités étant souvent riches en enseignement, et l'envers de l'ouvrage aussi instructif que l'endroit.

Cet échantillon de broderie, traité ici sous forme de motif décoratif, n'a pas seulement un but esthétique. Il permet d'illustrer concrètement quelques-uns des points de contour ou de bordure présentés dans ce chapitre et le chapitre précédent, en montrant l'effet obtenu quand on les utilise comme points de remplissage. D'autres points peuvent leur être substitués ; choisissez ceux qui vous séduisent le plus et que vous souhaitez expérimenter. La palette des teintes de l'ouvrage est limitée, donc facile à maîtriser. Vous pouvez n'employer qu'une seule teinte par motif, ou en associer plusieurs et les combiner harmonieusement au fur et à mesure de votre travail. Cela vous aidera à mieux saisir les interactions entre les couleurs, dont l'aspect varie selon les combinaisons.

Fournitures
Pour le coussin :
40 x 40 cm de toile fine pour le dos du coussin
Fermeture éclair de 25 cm
Fil à coudre assorti au tissu
Coussin en mousse de 27 x 30 cm
Pour la broderie :
40 x 40 cm de toile de lin (8 fils au cm) couleur mastic
Aiguilles à broder n° 6 ou 7 pour le point de contour et n° 5 pour les points de remplissage
Aiguille à tapisserie n° 26 pour le jour simple et les points rebrodés
Coton à broder, coton perlé n° 3 et n° 5 Anchor ou DMC dans les teintes indiquées page 46

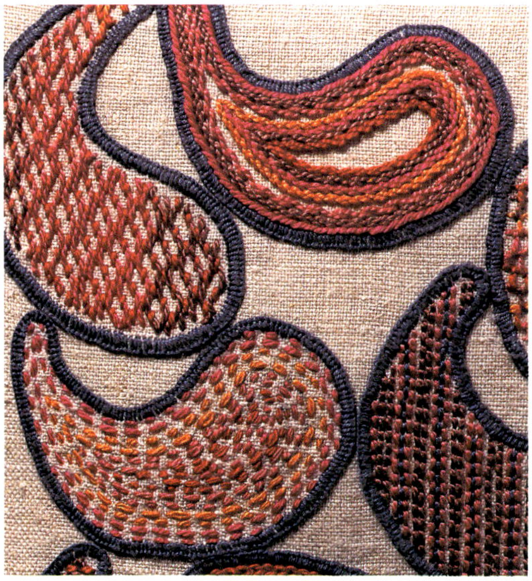

Préparation du tissu
Transférez le motif ci-contre sur le tissu, à l'aide de l'une des méthodes décrites pages 16-17.

Exécution de la broderie
1 Avec le coton à broder, soulignez les contours de tous les motifs cachemire d'un point de feston serré.
2 Avec le coton perlé n° 5, garnissez l'intérieur des motifs en employant les points ci-contre ou ceux de votre choix.
3 Tracez un rectangle de 19 x 22 cm autour de la broderie, en prolongeant les traits jusqu'au bord du tissu. Tirez quatre fils le long de ces lignes (voir page 38). Avec le coton perlé n° 3, faites un jour simple en assemblant les fils par trois.

Montage du coussin
1 Confectionnez le dos de la housse avec la toile fine comme cela est expliqué page 32. Sa taille définitive doit être de 30 x 33 cm.
2 Repassez soigneusement cette housse à l'endroit, en vous assurant que le pli au niveau des coutures est bien net et que les angles sont bien droits.
3 Faufilez ensemble le dos et le devant de la housse à environ 2 cm du bord, puis piquez à la machine à environ 1,5 cm du bord (fig. 1). Retirez le fil de bâti et insérez le coussin.

Diagramme des points employés
1 Point de tige exécuté en lignes concentriques.
2 Point de grébiche formant des rangées reliées entre elles.
3 Point arrière brodé en lignes parallèles.
4 Rangées alternées de point de tige et de point avant.
5 Point de chaînette brodé en lignes concentriques.
6 Point de Pékin en lignes parallèles espacées.
7 Point avant en lignes concentriques.
8 Point avant surjeté en rangées parallèles.

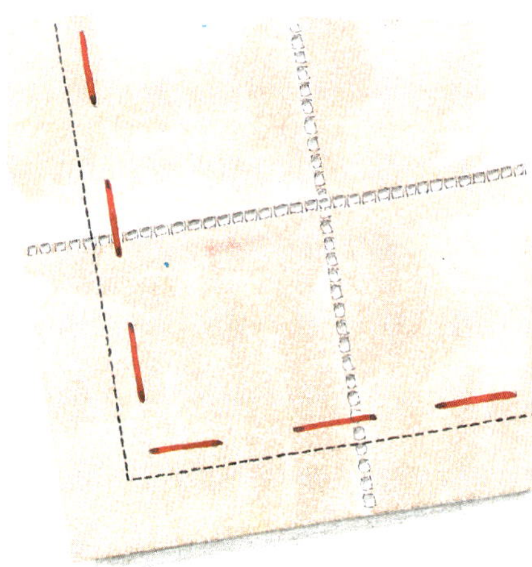
fig. 1

	Anchor	DMC
Points de contour	*Coton à broder*	
Gris ardoise	1035	930
Points de remplissage	*Coton perlé n° 5*	
Rouge écarlate	19	304
Rose magenta	78	601
Rose moyen	76	3350
Lie de vin	1019	315
Terre cuite	338	920
Bordure ajourée	*Coton perlé n° 3*	
Blanc	2	blanc neige

Quantité
Un écheveau de chaque teinte.

Motif complet en taille réelle. Décalquez-en les contours seulement et transférez-les sur le tissu. Les points de remplissage sont détaillés dans le diagramme ci-contre.

Motifs denses et colorés

On peut recouvrir de broderie la totalité d'un motif ou d'un ouvrage. N'importe quel point peut alors devenir point de remplissage : les points linéaires peuvent être exécutés en rangs serrés ; les points isolés peuvent être plus ou moins rapprochés, répartis de façon libre ou régulière, ou encore réunis par un entrelaçage. Les possibilités de combinaisons sont presque infinies.

Les points de remplissage sont généralement utilisés pour broder les motifs eux-mêmes. Mais ils peuvent aussi servir à broder le fond, les motifs restant vierges. Cette broderie en négatif est parfois désignée sous le nom de « broderie inversée ».

Les points espacés, décorant un espace sans masquer entièrement le tissu, sont utiles pour orner plus rapidement de grandes surfaces et produisent un effet aéré. Les points compacts offrent au contraire une texture dense au relief plus ou moins accentué. Ils sont parfois doublés de points de « bourrage » qui leur donnent encore plus de volume. Cette technique est souvent employée pour rehausser l'éclat des broderies sur les vêtements sacerdotaux.

Points de remplissage

Le choix d'un point de remplissage est dicté le plus souvent par la forme de l'espace ou du motif à recouvrir. Pour garnir de grandes surfaces, notamment les fonds, on emploie de préférence des points assez aérés qui ne masquent pas entièrement le tissu. Ceci, non seulement pour aller plus vite, mais aussi pour équilibrer l'ensemble de l'ouvrage et ne pas donner trop d'importance au fond. Mieux vaut réserver les points qui ont le plus de relief, comme le point de plumetis ou le point de fougère à des surfaces restreintes, pétales ou feuilles par exemple.

Passé plat et point de plumetis

Le passé plat est le point de remplissage le plus courant. Il permet de recouvrir une surface de grands points lancés très serrés, créant un motif dense et uniforme (fig. 1). Les points s'exécutent d'un bord à l'autre du motif, et doivent être assez serrés pour masquer le fond entièrement.

Pour lui donner plus de relief, on superpose point de sable et point passé brodés selon des angles différents. La combinaison de ce point de rembourrage et du passé plat forment le point de plumetis (fig. 2 et 3). Les effets d'ombre qui soulignent les courbes des motifs ainsi brodés en font ressortir merveilleusement les formes et les couleurs.

fig. 1

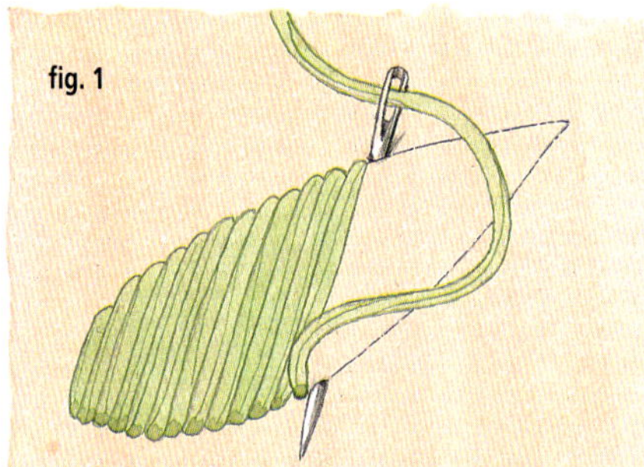

fig. 2 fig. 3

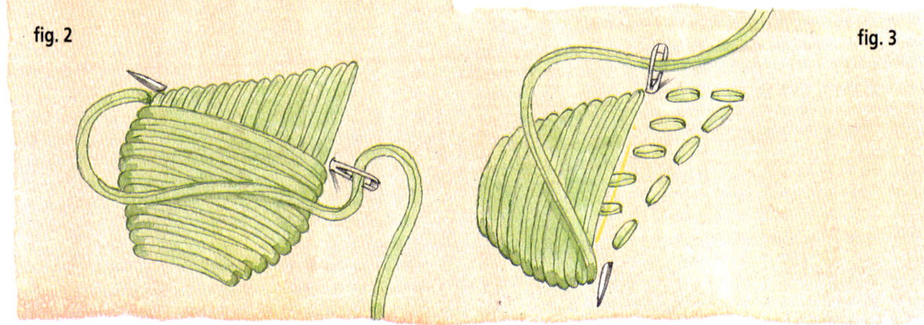

Passé empiétant

Il se compose de points lancés de longueurs variables imbriqués les uns dans les autres. Il sert surtout à remplir un motif trop grand ou trop irrégulier pour être brodé au passé ordinaire.
Il peut servir à obtenir des dégradés de teintes. Les points de la première rangée, alternativement longs et courts, doivent parfaitement suivre le contour du motif (fig. 4). Pour les rangées suivantes, ajustez leur longueur pour obtenir une texture régulière (fig. 5).

fig. 4 fig. 5

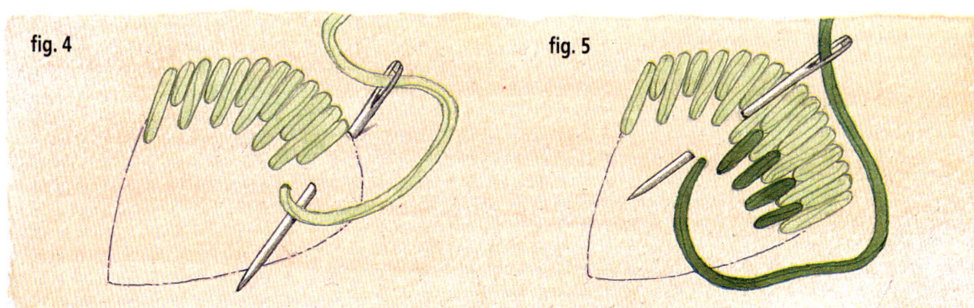

Point de fougère

Le point de fougère est également un point de remplissage très employé. Il convient bien à la broderie de feuilles. Il peut aussi servir à entourer un motif déjà brodé (comme dans le Bandeau à motif indien page 64).

1 Commencez à l'extrémité la plus pointue du motif. Si la pointe est bien définie, faites d'abord un long point dans l'axe du motif à partir de celle-ci (fig. 6). Pour exécuter un point linéaire, faites ressortir le fil du même côté.

2 Travaillez obliquement d'un bord à l'autre, en ressortant chaque fois le fil en bordure du motif, jusqu'à ce qu'il soit recouvert. Une double ligne peut être dessinée au centre du motif pour le positionnement des points (fig. 7).

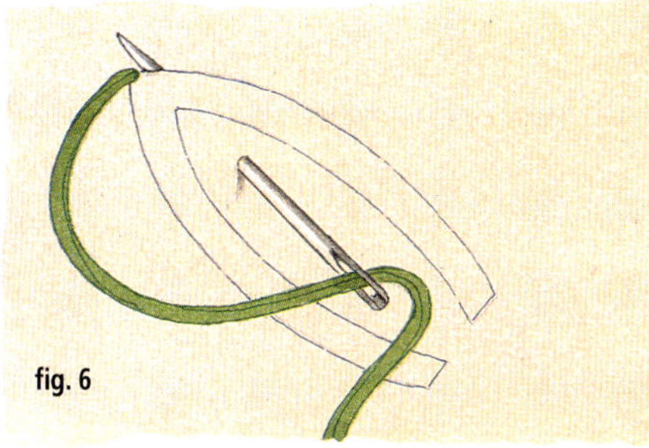
fig. 6

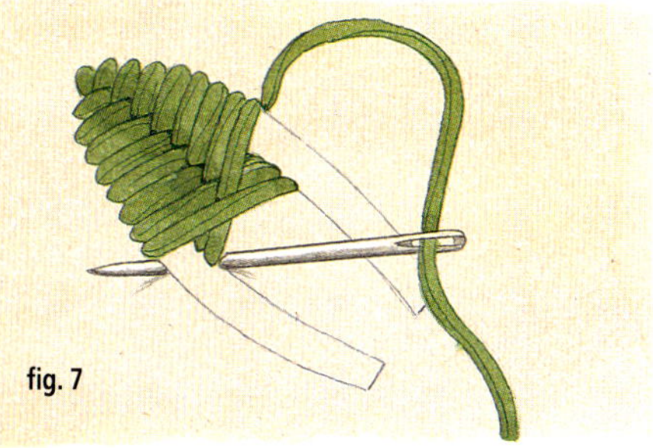
fig. 7

Point d'arête double

Comme le passé plat, le point d'arête double (ou point de Crête) sert à broder des formes irrégulières ou des frises linéaires. Il forme une natte sur son axe médian.

1 Commencez à l'extrémité la plus pointue du motif. S'il possède une pointe bien définie, débutez par un long point vers le centre à partir de celle-ci. Pour une exécution linéaire, sortez le fil comme cela est indiqué sur les figures 8 et 9.

2 Travaillez d'un bord à l'autre, en ramenant le fil du bord extérieur vers le centre. Faites chaque fois une boucle autour de l'aiguille pour former la tresse.

La broderie linéaire est illustrée par les figures 8, 9 et 10, la broderie d'un motif par les figures 11 et 12.

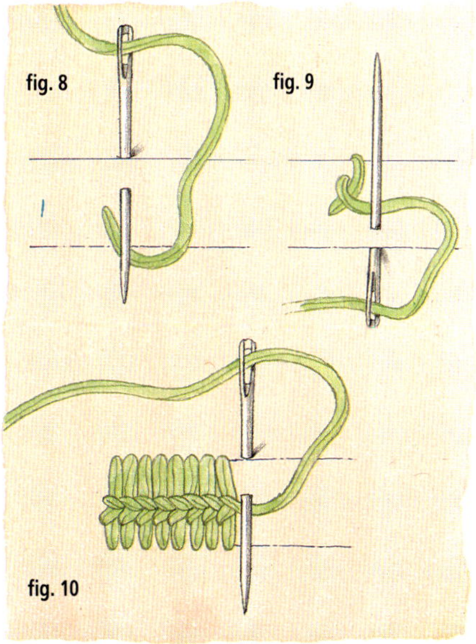
fig. 8

fig. 9

fig. 10

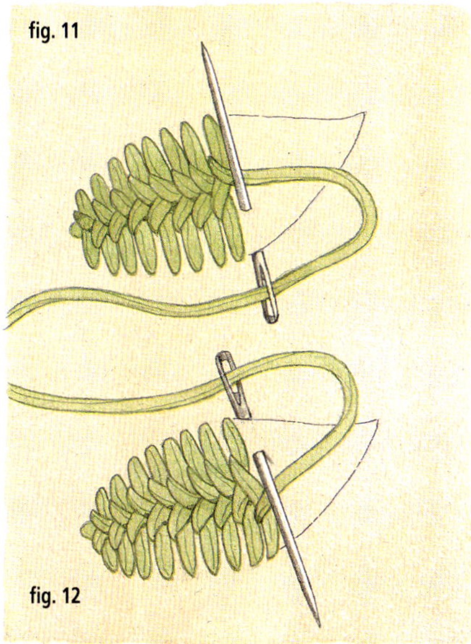
fig. 11

fig. 12

Point de croix

Sans doute le point de broderie le plus répandu, le point de croix est employé pour la plupart des broderies exigeant des points régulièrement alignés. Cependant, le point de croix peut être réparti plus librement de façon à suggérer des formes particulières, à la manière des images digitales, constituées de points distincts.

Les modèles d'ouvrages au point de croix sont souvent tracés sur du papier millimétré, chaque carré correspondant à un point. Le motif est brodé en suivant cette grille et en comptant les points au fur et à mesure. On parle alors d'ouvrage à points comptés.

La condition essentielle à la réussite du point de croix est l'inclinaison régulière des points. Rien ne vous empêche, bien sûr, d'introduire des variantes – de décaler les points pour créer des motifs géométriques, par exemple – mais cela requiert une planification rigoureuse.

Il y a deux manières d'exécuter le point de croix. Dans la première méthode (fig. 1 à 3) chaque croix est entièrement brodée avant la suivante. Dans la seconde méthode (fig. 4 et 5), les points sont travaillés en deux fois. La moitié du point est d'abord brodée d'un bout à l'autre de la rangée et, au retour, on ajoute la seconde barre de la croix.

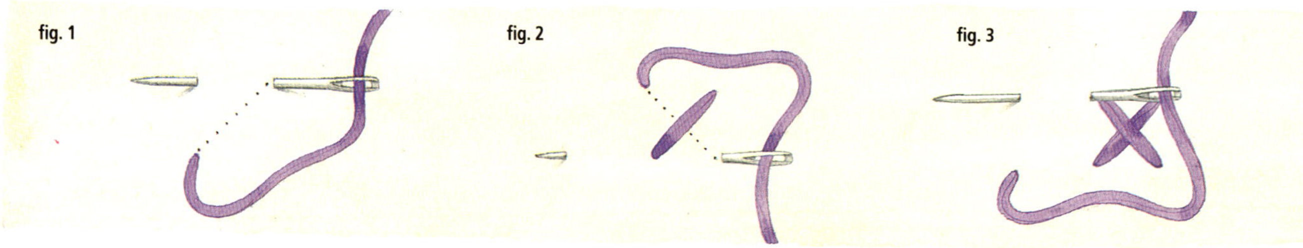

fig. 1 fig. 2 fig. 3

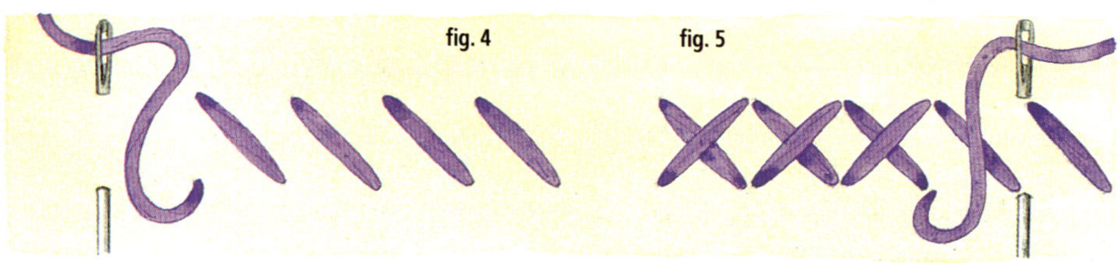

fig. 4 fig. 5

Point de diable

Ce point est composé d'un point de croix ordinaire, décrit ci-dessus, rebrodé d'une barre horizontale puis d'une barre verticale formant une seconde croix, de taille variable, exécutée parfois dans une couleur contrastante (fig. 6 et 7). Il est plus souvent employé en tapisserie ou broderie sur canevas, étant alors désigné sous le nom de point de Smyrne ou Croix de Smyrne. Mais les branches des croix sont alors toutes de longueur complètement égale.

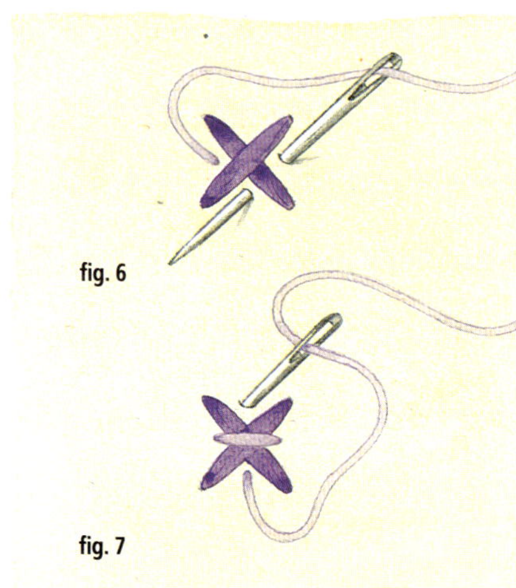

fig. 6

fig. 7

Point de Boulogne

La technique de broderie sur fils couchés ou « couchure » revêt de multiples aspects, dont deux exemples seulement vous sont présentés ici.

Dans le cas du point de Boulogne (fig. 8), le fil est étendu sur la ligne à broder et maintenu par des points régulièrement espacés brodés avec un autre fil, éventuellement d'une teinte contrastante. Ce point sert à broder des lignes (tiges de fleurs, par exemple), ou à recouvrir des fonds. Il est souvent employé pour la broderie au fil d'or – on parle alors de « couchure d'or » – les fils étant moins déformés que s'ils étaient cousus au travers du tissu.

Dans le point Bokhara, le même fil sert à exécuter les points de base et les points de couchure. Les points lancés qui relient les bords du motif sont maintenus par de petits points que l'on peut répartir diversement selon l'effet recherché (fig. 9). Ce point sert, comme le passé plat, à la broderie de feuilles et de pétales, mais il est moins fragile pour broder de grandes surfaces, et introduit aussi plus de variété dans la texture.

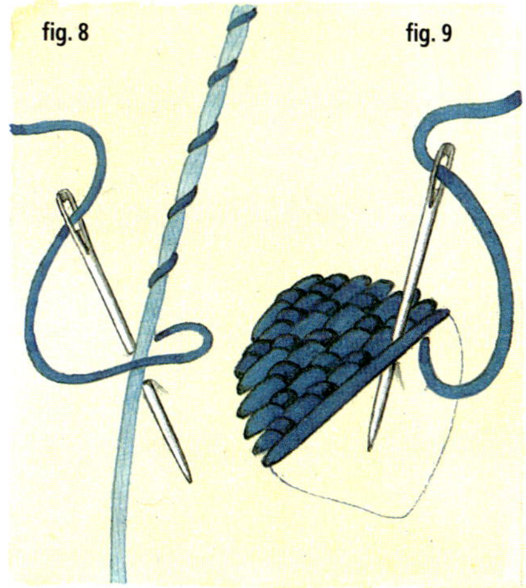

Point d'ombre

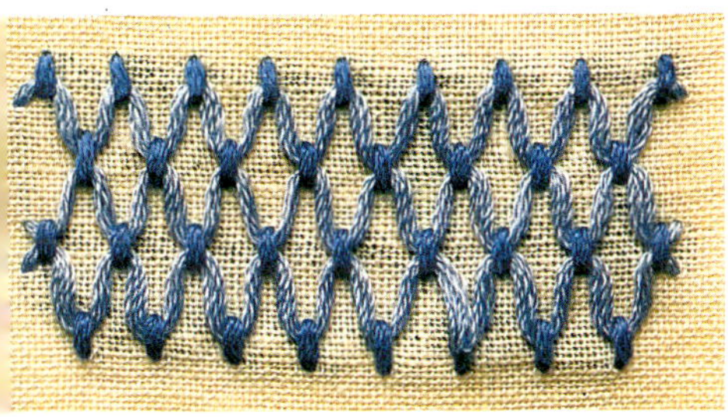

Ce point aéré permet de recouvrir rapidement de grandes superficies, et donne un bon rendu aux ouvrages brodés « en négatif », c'est-à-dire dont seul le fond est brodé, et non les motifs. Dans le Patchwork « crazy » (page 90), il est employé comme point linéaire, limité à deux rangées de points.

1 Faites plusieurs rangées de petits points verticaux régulièrement espacés, placés en quinconce.

2 Entrelacez ces points d'un fil de couleur différente, en passant d'un point de la rangée supérieure à un point de la rangée inférieure. Continuez à travailler ainsi, en zigzag (fig. 10).

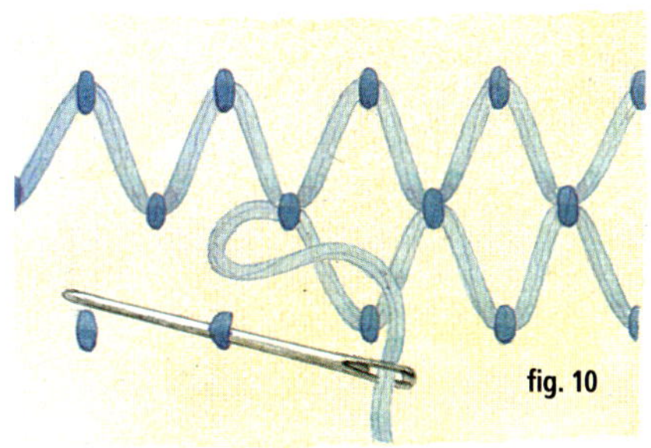

Point de sable

Le point de sable est un point de remplissage simple à exécuter, composé de petits points arrière d'égale longueur régulièrement espacés, semblables à des grains de sable éparpillés (fig. 11). Il sert à recouvrir des espaces ou à souligner des contours. Attrayant et décoratif, il a un aspect plus doux que le point de nœud, souvent employé de façon similaire pour ajouter du relief à un dessin.

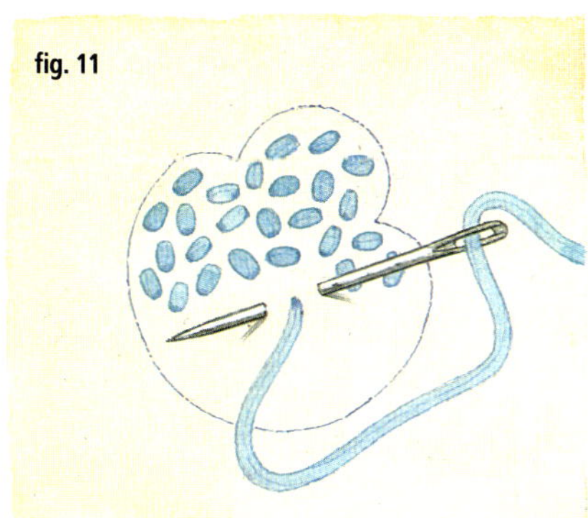

Couvre-lit bleu et blanc

Points employés
point passé plat (page 50),
point de tige (page 25),
point d'épine (page 74).

Le mariage du bleu et du blanc reste toujours aussi séduisant. Transmis de génération en génération, ce superbe couvre-lit a pris avec le temps une « patine » qui lui confère beaucoup de charme. Il offre des dégradés d'une grande délicatesse, le coton perlé de ses broderies bleues ayant pâli de façon irrégulière. Grâce au relief des broderies, les motifs, dont certains ont entièrement blanchi par endroits, conservent beaucoup de caractère. Il est vrai que les fils à broder résistent mieux aujourd'hui à la lumière et aux lavages répétés, mais leur teinte finit tout de même par s'atténuer avec le temps.

Ce couvre-lit est composé d'un panneau central brodé, entouré de quatorze carrés ornés du même motif. Les pièces brodées ont été assemblées par un entre-deux au crochet après avoir été ourlées. Cet entre-deux peut être remplacé par un galon de dentelle, l'effet sera similaire. Vous pouvez aussi utiliser, pour broder cet ouvrage, le motif illustré pages 100-101.

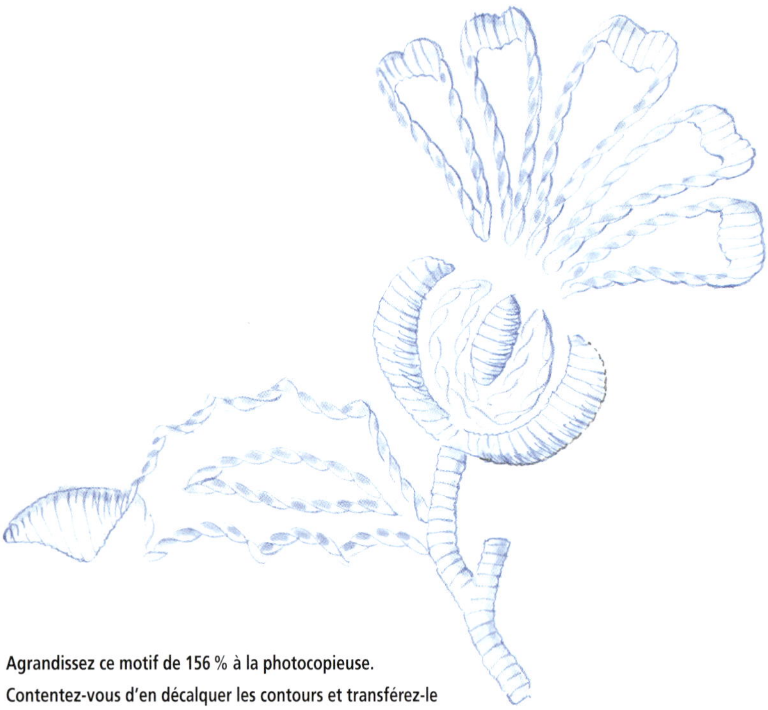

Agrandissez ce motif de 156 % à la photocopieuse. Contentez-vous d'en décalquer les contours et transférez-le dans chacun des angles du panneau central (voir schéma de répartition page 59).

Fournitures

Pour le couvre-lit :

8 m d'entre-deux en dentelle de 7,5 cm de large

5 m de dentelle de la largeur voulue, pour la bordure

Fil à coudre blanc

Pour la broderie :

Drap de lin blanc : 2,40 m en 1 m de large ou 2,10 m en 1,40 m de large.

Aiguille à broder n° 2 ou 3

Coton perlé n° 3, dans les teintes indiquées ci-après

Agrandissez ces motifs de 156 % à la photocopieuse. Décalquez-en seulement les contours et reportez-les sur le panneau central. Le petit motif ci-dessous est à répartir autour du motif central ci-contre, entre les motifs d'angle (voir schéma de répartition page 59).

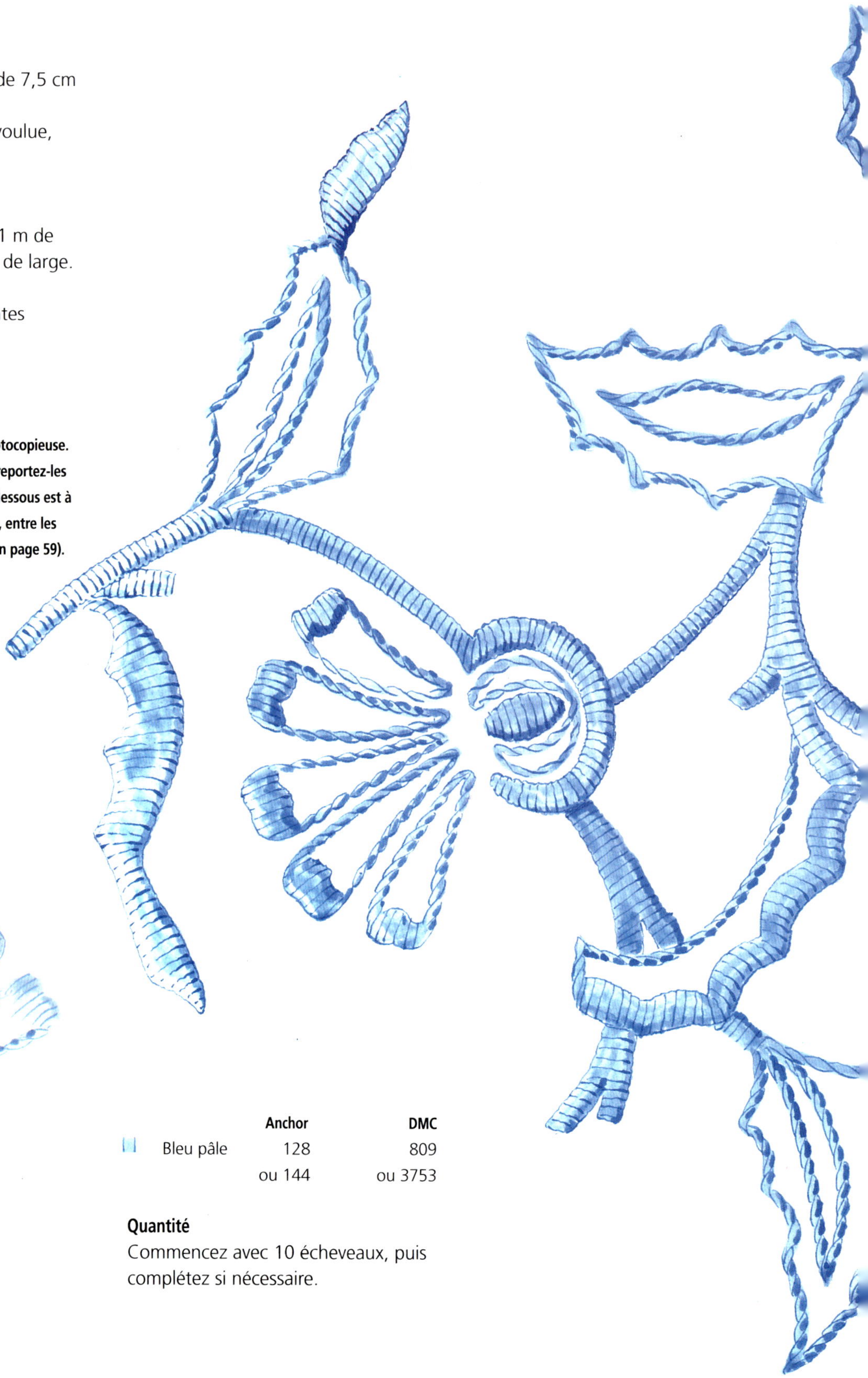

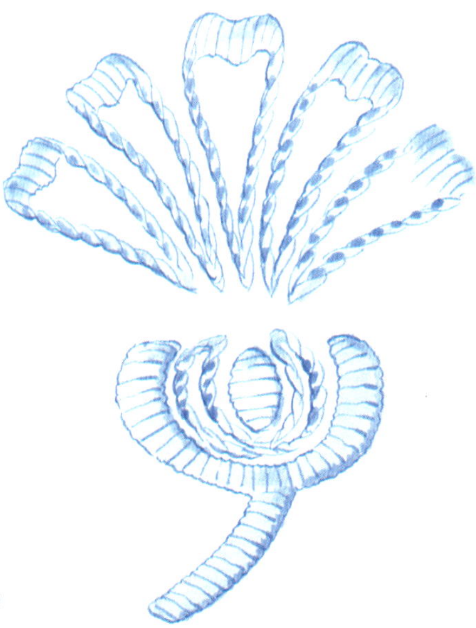

		Anchor	DMC
▯	Bleu pâle	128	809
		ou 144	ou 3753

Quantité

Commencez avec 10 écheveaux, puis complétez si nécessaire.

Préparation du tissu

1 Découpez un morceau de drap de 1 m x 65,5 cm pour le panneau central, la longueur du morceau étant découpée dans la largeur du tissu.

2 Découpez 14 carrés de 33 cm de côté dans le tissu restant : par groupe de trois dans le sens de la largeur pour le métrage le plus étroit, ou de quatre pour le métrage le plus large.

3 Agrandissez le motif ci-contre et ceux des pages 54 et 59 de 156 % à la photocopieuse. Transférez le motif sur le tissu en utilisant l'une des méthodes décrites pages 16-17. Référez-vous au schéma de répartition page 59 pour positionner correctement les motifs.

Exécution de la broderie

1 Brodez les parties pleines des motifs au passé plat et les lignes au point de tige.

2 Pour finir, brodez un rang de point d'épine autour de chaque carré, à environ 3 cm du bord.

Nappe et couvre-théière

Points employés
plumetis (page 50),
passé empiétant (page 50),
point de tige (page 25),
point de bouclette (page 75),
point de sable (page 53),
point de nœud (page 76),
jour à fils tirés (page 38).

Les couvre-théières brodés évoquent pour certains cette époque révolue où les maisons n'étaient pas chauffées et où le linge était entretenu par des domestiques. Ils restent néanmoins des accessoires très décoratifs pour les grandes occasions. Ce sont des ouvrages aux dimensions restreintes, assez rapides à broder et faciles à assembler. Ici, pour en faciliter l'entretien, le couvre-théière a été conçu sous forme de housse amovible recouvrant simplement la garniture isolante.

Le point de plumetis est le point dominant de cet ouvrage. Il apporte relief et densité au motif, en accentue les teintes choisies dans une gamme soutenue de jaunes, de rouilles, de roses et de verts, réveillée par un bleu tonique. Ce qui frappe au premier regard, c'est l'éclat et la gaieté des teintes employées. Par ailleurs, l'orientation des points a été soigneusement conçue pour ajouter une dimension supplémentaire à la broderie, faisant varier les contrastes de ses tons en fonction de l'éclairage.

Ce motif floral a été repris ici pour orner une nappe et créer un ensemble harmonieux, mais il peut aussi servir à décorer bien d'autres types d'ouvrages (voir aussi page 21).

Couvre-théière

Fournitures

Pour le couvre-théière :
Papier de soie, pour le patron
1 x 1 m de toile de coton ou de lin
Fil à coudre
Ouatine (quantité nécessaire : deux fois 42 x 29 cm)
Pour la broderie :
Fine toile de lin (quantité nécessaire : deux fois 45 x 32 cm)
Aiguille à broder n° 7
Coton mouliné « Anchor » ou DMC dans les teintes indiquées page 63

Exécution de la broderie

1 Vous trouverez ci-dessous et page 63 les motifs qui ornent chacune des faces du couvre-théière. Agrandissez-les de 116 % à la photocopieuse et transférez-les sur la toile de lin en utilisant l'une des méthodes décrites pages 16-17. Les teintes du coton mouliné à employer pour la broderie sont indiquées page 63.
2 Travaillez du centre vers les bords, en commençant par broder les fleurs les plus grandes. Reportez-vous à l'illustration pour reproduire fidèlement

Ce motif orne le dos du couvre-théière. Agrandissez-le de 116 % à la photocopieuse, puis relevez-en les contours pour les transférer sur le tissu.

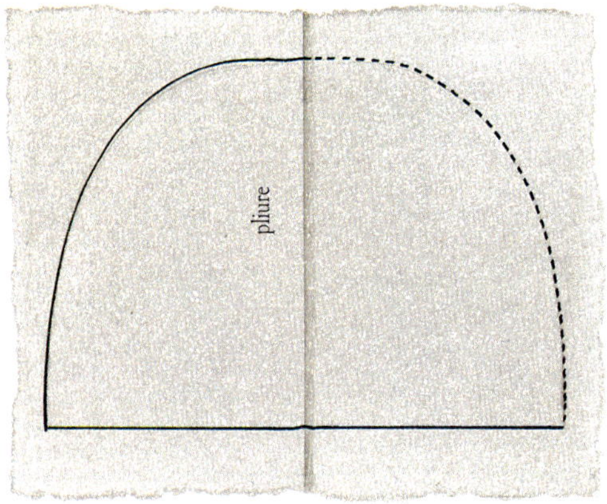

fig. 1

le sens des points du point de plumetis et du passé empiétant. Puis brodez les étamines des fleurs et les nervures des feuilles au point de tige, le cœur de certaines fleurs au point de nœud et celui de la grosse fleur bleue et blanche au point de sable.

Assemblage du couvre-théière

1 Confectionnez le patron du couvre-théière. Celui qui est présenté fait 49 cm de large sur 29 cm de haut. Reportez ces deux mesures sur le papier de soie et dessinez la moitié de la courbe à main levée, en commençant par le haut (fig. 1). Pliez le papier et décalquez pour obtenir la seconde moitié.

2 Coupez puis épinglez le patron sur la toile brodée, en centrant bien les motifs, et coupez le tissu. À l'aide du même patron, coupez les quatre éléments de l'enveloppe intérieure et les deux morceaux d'ouatine correspondants.

3 Placez les morceaux de toile brodée endroit contre endroit et piquez la ligne courbe à la machine à 1,5 cm du bord. Assemblez ainsi deux à deux les quatre morceaux de l'enveloppe intérieure, mais en laissant cette fois-ci une marge de 2 cm pour les coutures. Repassez.

4 Retournez à l'endroit l'un des deux éléments composant l'enveloppe, puis glissez la seconde partie à l'intérieur. Insérez les deux morceaux d'ouatine entre les épaisseurs de tissu. Faites un rentré à la base des deux doublures et cousez-le à la main. Faites quelques points au travers des enveloppes et de l'ouatine pour que celle-ci reste bien en place – quelques points de surjet à plusieurs endroits, en arrêtant le fil chaque fois, suffisent.

5 Pour la finition de la base de la housse brodée, faites un ourlet, ordinaire ou brodé d'un jour (voir page 38). Enfilez cette housse sur la garniture intérieure.

Nappe

1 Vous pouvez aussi broder une nappe (achetée ou non) en utilisant les mêmes motifs. Planifiez bien leur répartition avant de commencer (voir conseils page 16). Ci-dessous est un troisième motif à broder dans chaque angle.

2 L'ordre d'exécution de la broderie est le même que pour le couvre-théière. Le motif d'angle brun mordoré est à broder au passé plat et au point de tige.

Ce motif, représenté en taille réelle, décore les angles de la nappe. Décalquez-en uniquement les contours, puis transférez-les sur le tissu.

Quantité
Pour le couvre-théière, un écheveau de chaque teinte devrait suffire. Pour la nappe, la quantité de fils dépend du nombre de motifs que vous choisirez de reproduire.
NB Brodez avec deux brins, tiges et contours des feuilles ; le reste du motif est brodé avec trois brins.

	Anchor	DMC
Bleu pâle	130	809
Bleu moyen	145	799
Aigue-marine	185	747
Mauve pâle	85	3609
Mauve	86	3608
Rose pâle	74	3689
Rose moyen	25	604
Rose soutenu	76	962
Rose magenta	88	3607

	Anchor	DMC
Rouille	1049	921
Rouille foncé	339	919
Marron clair	832	841
Vert moyen	240	470
Vert clair	225	989
Vert olive foncé	281	581
Jaune	288	445
Brun mordoré	306	743
Blanc	2	blanc neige

Ce motif est destiné à orner la face avant du couvre-théière. Agrandissez-le de 116 % à la photocopieuse, puis décalquez-en les contours et reportez-les sur le tissu.

Bandeau à motif indien

La frise qui décore ce bandeau borde à l'origine un couvre-lit indien (voir page 49), sans doute l'œuvre d'une jeune fiancée cherchant à séduire son futur époux par ses talents de brodeuse. Le couvre-lit est entièrement travaillé au point de fougère, ce point ne réclamant pas à vrai dire, une grande dextérité. Cet ouvrage se distingue toutefois par la variété et la gaieté de ses coloris, et par l'élégance des courbes de son motif floral stylisé.

Ce genre de broderie est en général exécuté sur un fond uni. Ici, l'emploi d'un coutil rayé prouve qu'un motif très coloré peut aussi être mis en valeur par un tissu imprimé de rayures. Au moment d'acheter le tissu, prévoyez 25 % de plus en longueur pour pouvoir le froncer légèrement. Quant à la largeur du bandeau, elle doit être d'au moins 25 cm.

Points employés
point de fougère (page 51),
point de tige (page 25),
point arrière (page 24),
point lancé (page 75).

Fournitures

Pour le bandeau :

Ruban fronceur de la longueur du tissu
Fil à coudre blanc
Ruban auto-agrippant ou agrafeuse

Pour la broderie :

Coutil léger de bonne qualité
Aiguille à broder n° 5
Tambour à broder
Coton mouliné Anchor ou DMC dans les teintes indiquées page 67.

Exécution de la broderie

1 Agrandissez le motif des pages 66-67 de 112 % à la photocopieuse. Décalquez et transférez sur le tissu en utilisant les méthodes 2 ou 3 décrites page 17.

2 En partant de l'une des extrémités du bandeau, exécutez la broderie motif par motif. Commencez par les fleurs, les tiges et les feuilles vert émeraude, puis remplissez les autres motifs. Brodez les parties pleines au point de fougère, les tiges au point de tige et les lignes encadrant la frise au point arrière.

Décorez le sommet des triangles qui forment la frise inférieure de trois points lancés. Mieux vaut utiliser un tambour

Le motif du bandeau est présenté ci-dessous dans deux harmonies de couleurs différentes. Agrandissez-le de 112 % à la photocopieuse. Décalquez-en seulement les contours et transférez-les sur le tissu autant de fois qu'il le faut, en les positionnant les uns par rapport aux autres comme indiqué.

à broder pour l'exécution du point de fougère, notamment pour les motifs les plus importants, afin d'éviter que le tissu se déforme.

Assemblage

1 Retournez le tissu et faites un rentré sur toute la longueur du bandeau à 5,5 cm de la ligne supérieure de point arrière. Marquez-le au fer. Épinglez et faufilez le ruban fronceur sur ce rentré puis faites une piqûre à la machine le long de son bord inférieur puis de son bord supérieur.

2 Ourlez le bas du bandeau, à la main ou à la machine, à 5,5 cm de la rangée inférieure de point arrière.

3 Tirez sur les fils du ruban fronceur jusqu'à ce que le bandeau soit de la bonne longueur.

4 Fixez le bandeau à l'aide d'agrafes ou d'un ruban auto-agrippant.

Quantité
Il est difficile d'indiquer avec précision la quantité de fil nécessaire dans chaque teinte, car elle dépend de la densité de vos points et de vos préférences en matière de couleurs. À titre indicatif, il faut environ 6 m de fil pour la grosse fleur, 1,5 m pour l'ensemble de la tige et 4 m de fil pour les feuilles vert émeraude. Pour mieux gérer les quantités, commencez par broder tous les éléments vert émeraude, puis compléter avec les autres couleurs.
NB Utilisez trois brins de fil pour les tiges et les petites feuilles vert clair et six brins pour toutes les autres broderies.

	Anchor	DMC
Violet foncé	119	333
Lie de vin	70	3685
Rouge vif	47	321
Rose	75	962
Bleu clair	144	800
Bleu roi	143	797
Vert clair	238	702
Vert émeraude	18	943
Jaune	293	727

Frise au point de croix

Points employés
point de croix sur trois fils (page 52),
jours à fils tirés et point de Paris
(pages 38 et 39).

Cette broderie pleine de charme a été découverte sur un marché aux puces du Massachusetts, aux États-Unis. La frise au point de croix ornait à l'origine le pourtour d'une nappe, mais elle gagne à être employée en bordure d'un rideau, pour être appréciée à sa juste valeur.

Une palette limitée de couleurs franches, la simplicité du motif répétitif comme des points employés, confèrent à cet ouvrage tout son attrait et toute sa fraîcheur. Vous pouvez, pour le broder, utiliser au hasard des fins d'écheveaux ayant servi à d'autres travaux ou composer une harmonie de couleurs qui corresponde mieux à vos goûts. L'important est d'utiliser la même teinte pour les feuilles, de façon à assurer l'unité de la frise, et de broder chaque fleur en deux couleurs très contrastantes. Les fleurs de la nappe d'origine ont été manifestement brodées à partir du même modèle, mais présentent certaines irrégularités. Rompant avec l'uniformité de la frise, elles distraient agréablement le regard et ajoutent à l'ouvrage un intérêt supplémentaire.

	Anchor	DMC
Vert	238	702
Violet	92	553
Orange	316	741
Jaune	306	743
Bleu clair	1039	519
Bleu de Prusse	169	806
Bleu foncé	139	797
Rouge cramoisi	799	304
Rose vif	52	962

Quantité
Un écheveau dans chaque couleur permet en principe de broder 4 fleurs et 15 groupes de feuilles.
NB Brodez avec trois brins.

Fournitures
Fine toile de lin (14 fils au cm) d'une dimension supérieure de 15 cm (tout le tour) à celle du rideau
Fil à coudre assorti
Aiguille à broder n° 8
Coton mouliné Anchor ou DMC dans les teintes indiquées ci-contre

Exécution de la broderie
1 La frise est brodée à partir de la grille ci-dessous. Contrairement à la plupart des ouvrages à fils comptés, où les dimensions du motif doivent être méticuleusement calculées par rapport au tissu, ici la petitesse du motif répété et la simplicité rendent ce travail inutile.
2 Brodez la frise à 9 cm du bord non ourlé du tissu. Commencez dans un angle et travaillez de façon continue jusqu'à l'angle suivant. Placez le motif d'angle comme vous le souhaitez – il importe peu que les angles soient tous brodés de la même façon. Vous trouverez ci-dessous deux suggestions de disposition des motifs.

Finition et mise en place
1 La finition du rideau combine un jour à fils tirés souligné de chaque côté d'un point de Paris exécuté avec du fil à coudre : commencez par faire un ourlet de 3,5 cm de large et maintenez-le d'une rangée de points de Paris. Puis faites un jour à fils tirés et soulignez-le à nouveau d'un point de Paris.
2 Suspendez les angles supérieurs du rideau à deux crochets situés de part et d'autre de la fenêtre. Relevez le rideau au centre et maintenez-le ainsi drapé par quelques points masqués d'un bouton.

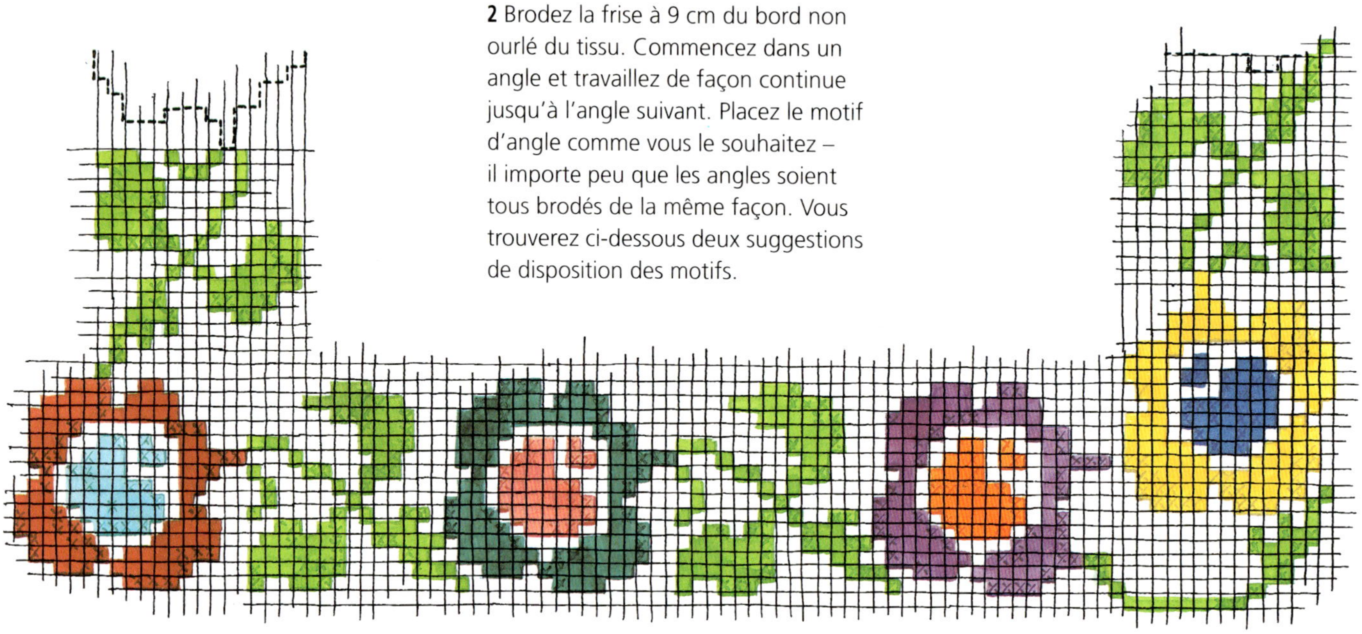

Pochette à lingerie

Points employés
point de feston (page 36)
passé plat (page 50)
point de tige (page 25)

Les pochettes à lingerie peuvent être considérées comme étant d'une autre époque, mais le charme suranné de ce motif – ses courbes gracieuses et la vivacité inattendue de ses teintes – ne peut que séduire les amateurs de broderie. La simplicité de sa composition est trompeuse, car les points de broderie ont tous été judicieusement choisis en fonction de la transparence du tissu.

Ainsi, le point de broderie des fleurs a été choisi de façon à éviter tout passage de fil d'un motif à l'autre à l'envers du tissu, car ces fils, visibles par transparence, auraient enlaidi l'ouvrage. Par ailleurs, un point de feston a été choisi pour ourler le tissu, évitant ainsi un rentré qui aurait nui à la légèreté de l'ouvrage. Enfin, les découpes ondulées qui bordent le rabat remplacent gracieusement les festons traditionnels aux courbes uniformes, et soulignent les angles avec plus de finesse.

	Anchor	DMC
Jaune	300	745
Orange	303	742
Corail	9	352
Mauve	95	554
Bleu	136	799
Bleu pâle	975	828
Vert	205	912
Vert pâle	219	564
Bordure au point de feston		
Bleu paon	1039	807

Quantité
Un écheveau dans chaque couleur.
NB Utilisez deux brins de fil, excepté pour le point de tige, pour lequel on utilise quatre brins.

Fournitures
30 x 60 cm d'organdi vert pâle
Amidon en bombe
Carton mince
Tambour à broder
Aiguille à broder n° 7
Coton mouliné Anchor ou DMC dans les teintes indiquées ci-contre

Préparation du tissu
1 Repassez le tissu en l'amidonnant pour qu'il ait assez de tenue.
2 Fixez-le à l'aide d'épingles sur un morceau de carton afin qu'il ne bouge pas durant le transfert du motif.
3 Agrandissez le motif ci-dessous de 178 % à la photocopieuse. Transférez-le, sans tenir compte des lettres « A », à l'aide de la méthode 3 (page 17). Veillez à bien positionner le motif à l'une des extrémités du tissu, pour qu'il en reste assez pour former le restant de la pochette après avoir brodé le rabat (voir première étape de l'assemblage).

Exécution de la broderie
Mieux vaut utiliser un tambour, car le tissu est si fin qu'il peut se distendre. Les arrêts de fil en début et en fin d'aiguillée doivent être bien nets et ne pas transparaître sur l'endroit.
1 Commencez par broder les fleurs au passé plat et au point de feston, d'après la photographie ci-contre.
2 Brodez le reste du motif au passé plat.
3 Masquez d'une ligne au point de tige les bases irrégulières des feuilles.
4 Brodez au point de feston le contour du rabat, mais n'arasez pas le tissu.

Finition de la pochette
1 À partir des points désignés par la lettre A sur le modèle, dessinez un rectangle d'environ 38 cm de long sur 19 cm de large. La largeur sera dictée par la distance qui sépare les extrémités de la bordure festonnée. Repliez ce rectangle sur 16 cm pour former la pochette.
2 Bordez l'ouverture de la pochette d'un point de feston.
3 Faufilez les deux côtés de la pochette, puis assemblez-les à l'aide d'un point de feston.
4 Coupez le tissu au ras de tous les bords brodés au point de feston.

Broderie créative

Divers points d'ornementation, simples ou plus sophistiqués – variantes souvent, des points de base déjà présentés – sont employés pour décorer les étoffes ou rehausser leur décor. Ce chapitre montre comment l'uniformité de point et de ton créée permet d'obtenir des effets superbes (voir Coussin aux coquillages page 78), et inversement, comment une débauche de points et de couleurs permet d'enrichir la folle exubérance d'un Patchwork de type « crazy » (voir page 90). Ce type d'ouvrage peut être enrichi de toutes sortes de broderies : non seulement de points qui soulignent le contour des pièces assemblées ou qui mettent en valeur leurs motifs, mais aussi de proverbes, pensées, dates ou noms évoquant un événement particulier.

Entre les deux s'insèrent des ouvrages comme le coussin présenté ici, où des points d'une grande diversité servent à dessiner des formes et à en rehausser d'autres. Cette association judicieuse et créative de points de broderie et d'applications en tissu illustre à merveille la richesse des possibilités d'expression qu'offre la broderie.

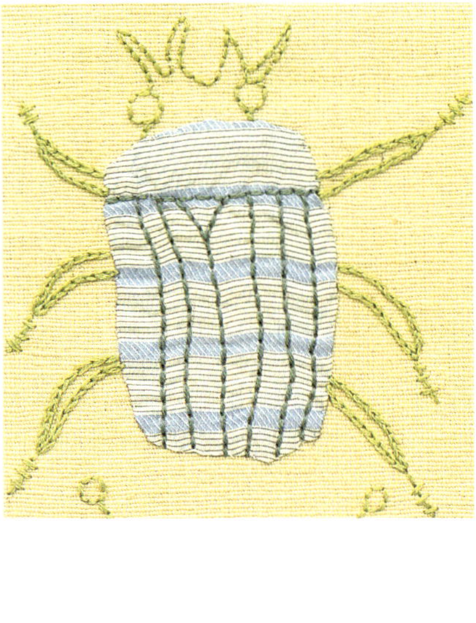

Points d'ornementation

Si certains points de broderie ont un double rôle à jouer, à la fois fonctionnel et décoratif – comme le point de feston, parfois appelé point de boutonnière, d'autres sont purement ornementaux. Ils peuvent être des variantes de points de base, comme ici du point d'arête, du point lancé, du point de chaînette ou du point de feston. Les exemples présentés vous montrent comment ces points, employés différemment ou légèrement modifiés, peuvent produire un effet plus décoratif. Ils peuvent résulter aussi de la combinaison de plusieurs points. Ainsi, vous pouvez rehausser certains points linéaires comme par exemple le point d'épine, le point d'arête ou le point lancé, de points de nœud et de bouclette. La possibilité de combinaisons infinies ouvre de vastes horizons aux brodeurs qui sont inventifs.

Point d'épine simple et double

Le point d'épine, exécuté verticalement, présente de nombreuses variantes, dont deux sont présentées ici. Sa forme linéaire lui autorise de nombreux emplois dont l'ornementation d'ourlets et bordures, des coutures de patchworks de type « crazy » ou l'imitation du feuillage de certaines plantes.

1 Sortez l'aiguille en (a). Formez une boucle en maintenant le fil avec le pouce et piquez en (b). Puis ressortez un peu plus bas en (c) près de la ligne médiane et passez le fil sous l'aiguille pour former la boucle suivante (fig. 1).

2 Piquez en (d) et ressortez un peu plus bas près de la ligne médiane. Continuez à broder les points alternativement à droite et à gauche de la ligne.

Pour le point d'épine double (fig. 2), brodez chaque fois deux points consécutifs de part et d'autre de la ligne.

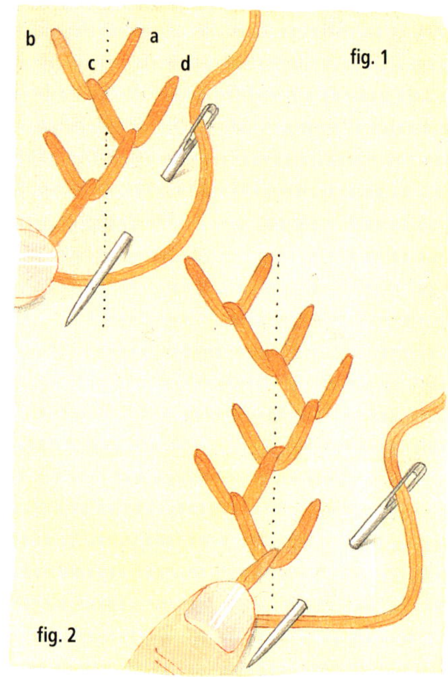

Point d'arête ouvert

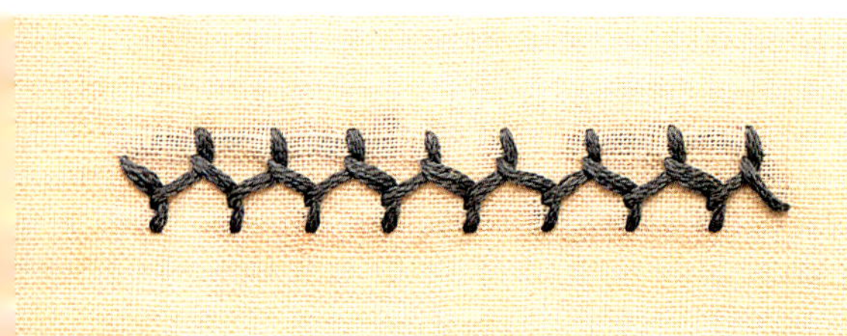

Ce point linéaire s'exécute horizontalement. Sa netteté dépend de l'espacement régulier des points. Il crée des frises très décoratives. Exécuté serré, c'est un bon point de remplissage dont la ligne médiane forme une jolie natte (voir point d'arête double page 51).

1 Sortez l'aiguille en (a) et piquez plus bas en (b).

2 Sortez en (c) en faisant passer le fil sous l'aiguille. Repiquez en (d) et ressortez en (e) (fig. 3). Continuez ainsi pour former une frise en zigzag (fig. 4).

Point lancé

Semblable au passé plat quand ses points sont rapprochés, il permet aussi de broder des motifs en forme d'étoile (fig. 5), d'éventail (fig. 6), de carrés (fig. 7), de simples lignes droites ou de petits détails (voir antennes et pattes des insectes pages 84-87).

fig. 5

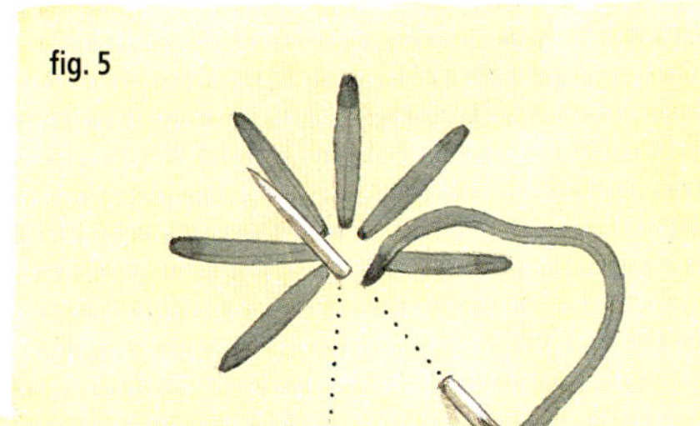

fig. 6

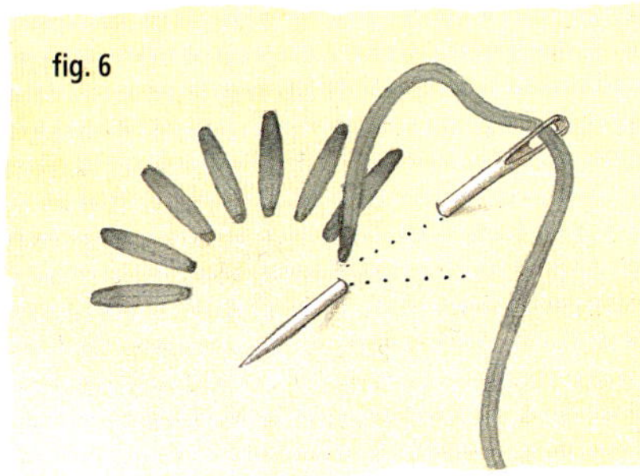

fig. 7

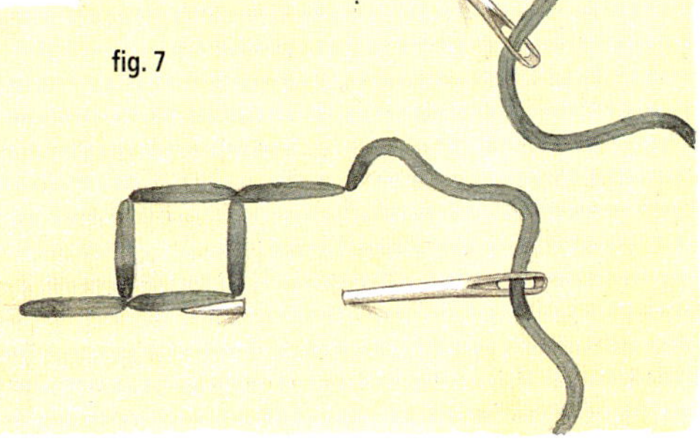

Point de bouclette

Ce point de chaînette (voir page 25) aux boucles détachées les unes des autres est souvent le premier point enseigné aux enfants. Un petit point d'attache maintient chaque boucle à son sommet (fig. 8 et 9). Ce point peut être utilisé isolément, ou groupé pour imiter les pétales de petites fleurs.

fig. 8

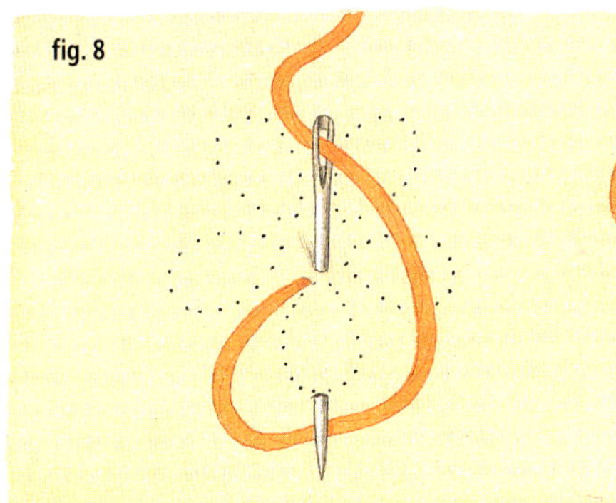

fig. 9

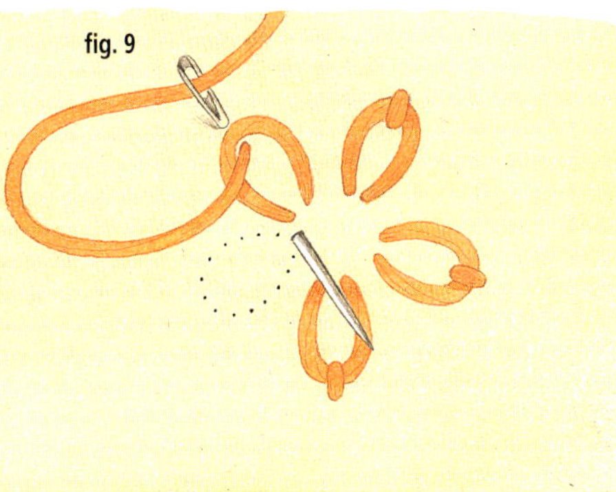

Point d'arête tronqué

Ce point aux multiples emplois se travaille comme le point précédent, mais sans resserrer les boucles à la base. Les points, isolés ou alignés, horizontalement (fig. 10) et verticalement (fig. 11), peuvent être espacés ou accolés les uns aux autres.

fig. 10

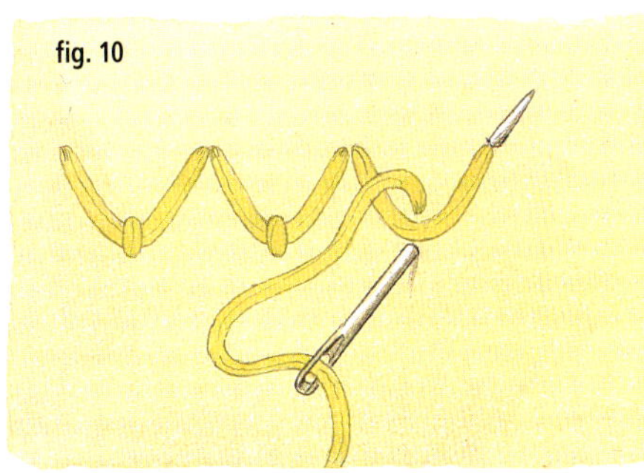

fig. 11

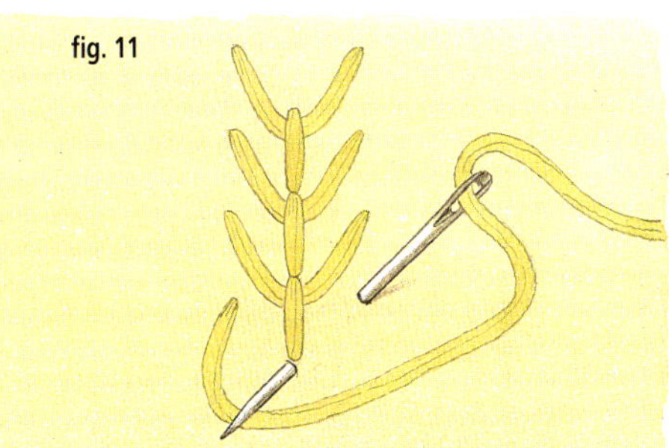

Point de chausson

Rapide et facile à exécuter, ce point de forme linéaire sert à décorer le bord d'un ouvrage ou ses coutures d'assemblage (page 26). On peut en modifier l'aspect en jouant sur la hauteur et l'espacement des points.

Il est composé de points obliques exécutés alternativement dans un sens puis dans l'autre, chaque point enjambant le point précédent. Pour obtenir de bons résultats, veillez à incliner et espacer uniformément les points.

1 Sortez l'aiguille sur la ligne inférieure et piquez-la plus à droite sur la ligne supérieure. Puis faites un petit point horizontal vers la gauche (fig. 1).

2 Faites à nouveau un point oblique vers le bas et vers la droite, puis un petit point vers la gauche (fig. 2).

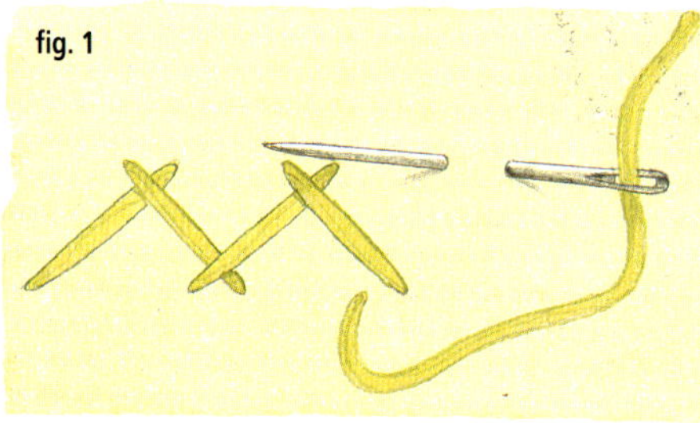

fig. 1

fig. 2

Point de nœud

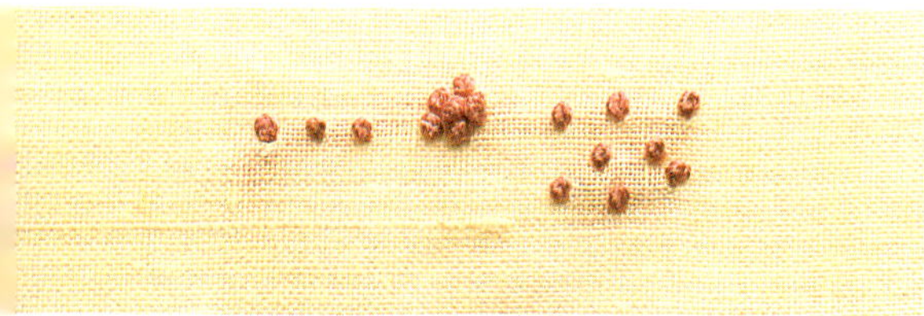

Il permet d'obtenir de charmants petits nœuds aux emplois multiples. Les points peuvent être alignés, éparpillés au hasard ou répartis de façon régulière, serrés ou espacés, pour obtenir un grain compact recouvrant entièrement le support ou au contraire un délicat effet de moucheture. Ils servent ainsi à broder le cœur des fleurs que l'on veut mettre en relief, à souligner le contour de certains motifs ou à adoucir les lignes trop strictes de certaines frises.

1 Sortez l'aiguille à l'endroit où vous voulez faire le nœud.

2 En tenant l'aiguille contre le tissu, pointe vers l'extérieur, enroulez-le fil autour d'elle, une ou deux fois selon la taille du nœud que vous voulez obtenir (fig. 3).

3 Faites pivoter l'aiguille (voir sens de la flèche sur la fig. 4) et repiquez-la dans le trou de sortie du fil, tout en maintenant le fil bien tendu avec le pouce gauche (fig. 4).

4 Tirez sur le fil d'un coup sec. Un nœud se forme alors à la surface du tissu.

Si vous n'obtenez pas de nœud, c'est que vous avez enroulé le fil dans le mauvais sens autour de l'aiguille lors de la deuxième étape (voir fig. 3).

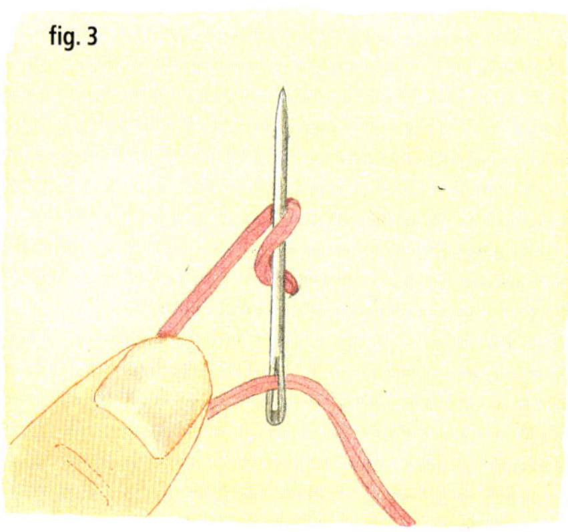

fig. 3

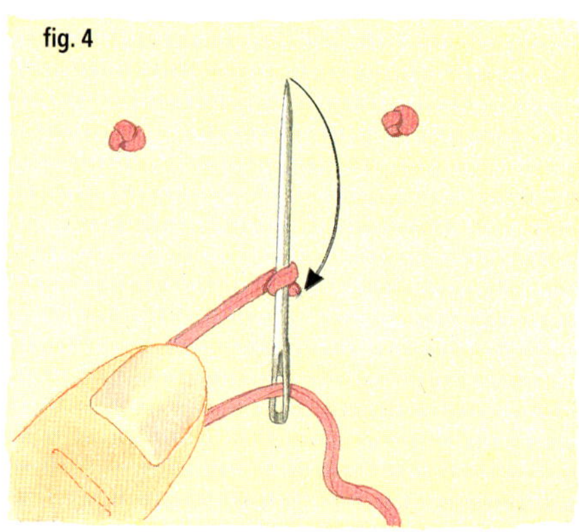

fig. 4

Point de chevron simple et double

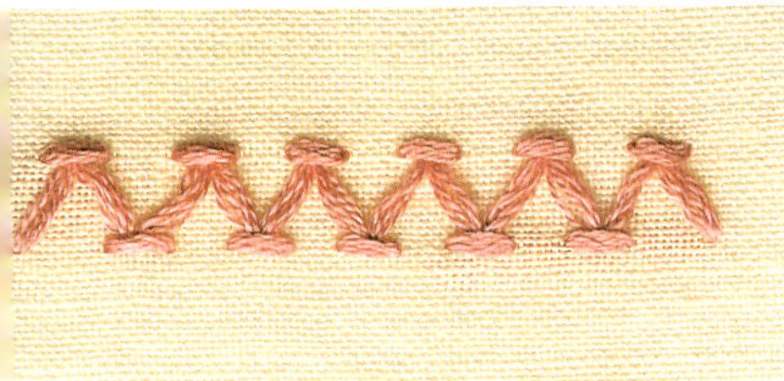

Le point de chevron est un point linéaire qui se travaille de gauche à droite entre deux lignes.

1 Sortez l'aiguille sur la ligne inférieure. Plantez-la à droite sur la même ligne et ressortez à gauche sur la même ligne, à mi-distance de la première sortie du fil.

2 Piquez ensuite l'aiguille à droite sur la ligne supérieure et faites un petit point vers la gauche (fig. 5). Piquez ensuite l'aiguille à droite sur la même ligne, à une distance égale à deux fois celle séparant la dernière sortie de fil du point oblique et ressortez à l'extrémité du point oblique (fig. 6).

Continuez à broder ainsi en quinconce les points horizontaux inférieurs et supérieurs pour obtenir un zigzag.

Pour le point de chevron double, brodez une seconde ligne sur la première, mais en positionnant les points horizontaux à la verticale des premiers (fig. 7).

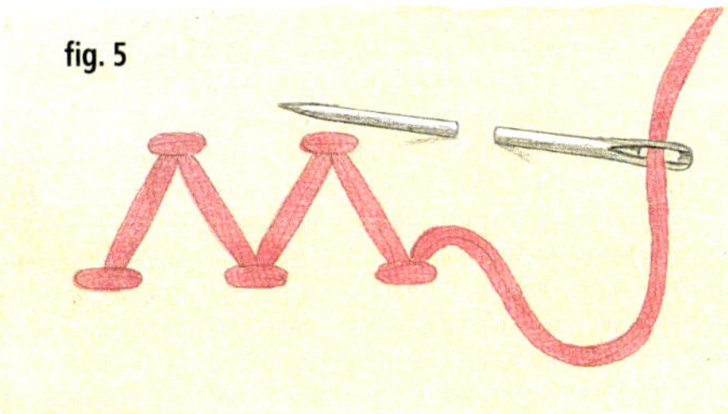

fig. 5

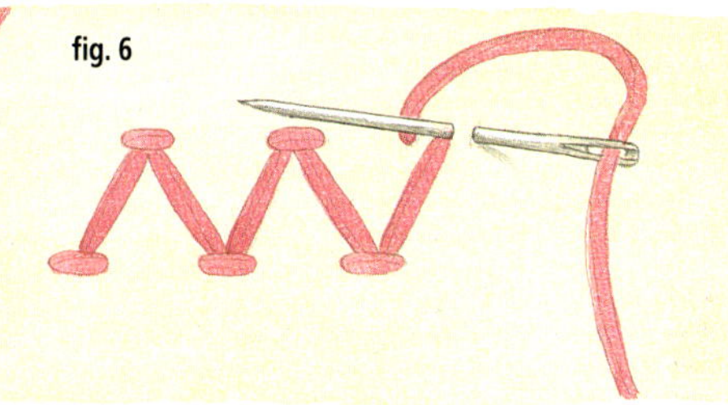

fig. 6

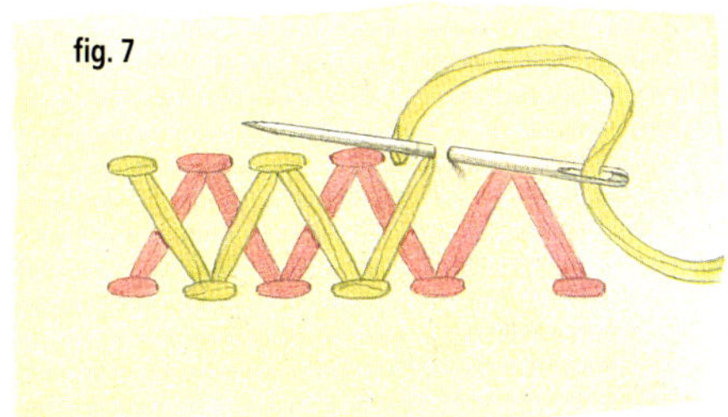

fig. 7

Point de feston fermé

Le point de feston fermé, qu'il serait plus juste d'appeler « point de grébiche fermé » est une simple variante du point de grébiche, mais plus décorative, où les points sont resserrés à la base pour former de petits triangles.

1 Commencez comme pour broder un point de grébiche (voir page 36) en sortant le fil juste au-dessous de l'arête de l'ourlet pour l'ancrer solidement. Travaillez en tendant régulièrement le fil.

2 Piquez l'aiguille de façon à incliner le premier point à droite et le suivant dans le sens opposé (fig. 8).

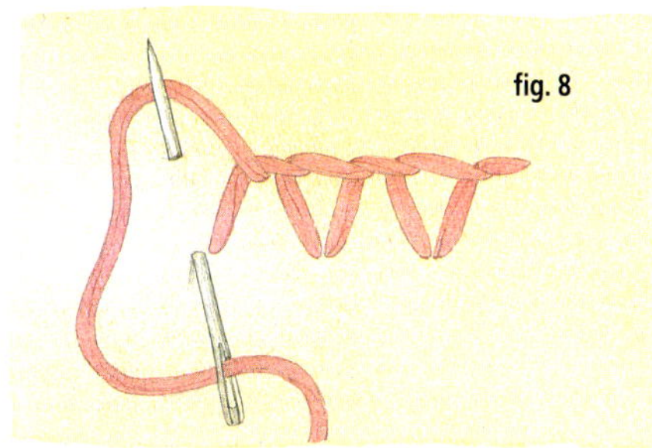

fig. 8

Point de feston dégradé

Une autre manière d'embellir point de feston ou point de grébiche est de moduler la longueur des points pour obtenir divers effets décoratifs, comme des triangles (fig. 9), des ondulations (fig. 10), ou des escaliers.

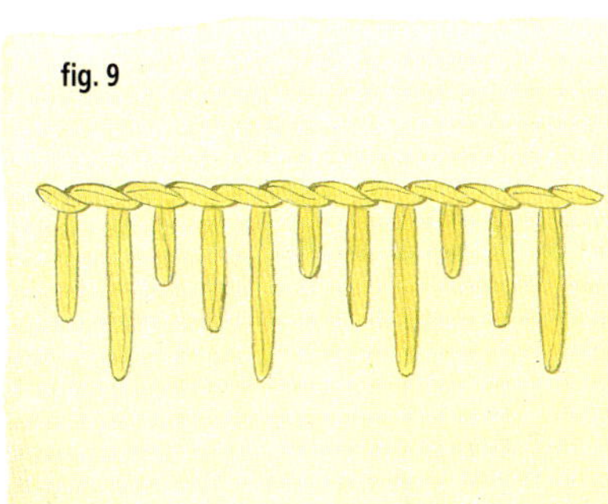

fig. 9

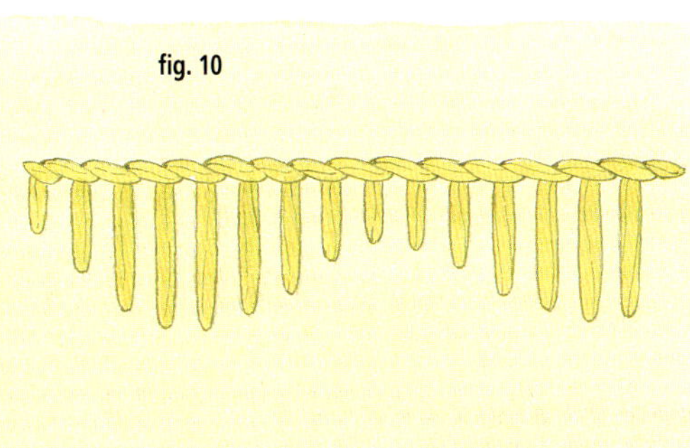

fig. 10

Coussins ornés de coquillages

Points employés
point de nœud (page 76),
point arrière (page 24).

La broderie de motifs blancs sur fond blanc est appelée « broderie blanche » quels que soient la technique ou les points employés. En l'absence de couleur, la texture prend toute son importance, que ce soit celle du fil, celle du point employé ou l'association des deux, car seuls des points assez proéminents pour être soulignés d'ombre, rendent visibles les contours des motifs. Ce qui explique d'ailleurs que la broderie blanche soit souvent accompagnée de découpes ou jours permettant de mieux mettre en valeur le dessin.

Les deux points employés pour broder ces coussins sont le point de nœud, naturellement proéminent, et le point arrière – mis en relief par un gros coton retors. L'un des deux coussins a été brodé sur un tissu bleu faisant davantage ressortir le motif. Le point de nœud y a été utilisé comme point de remplissage du fond, lequel dessine les contours des coquillages. Pour broder au point de nœud, choisissez une étoffe assez serrée par rapport au fil employé, pour éviter que les nœuds passent sur l'envers. D'autres modèles de coquillages pouvant être associés de façon répétitive, vous sont proposés page 102.

Fournitures

Pour chaque coussin :

45 cm x 45 cm de tissu pour le dos de la housse

Fermeture éclair de 35 cm

Coussin en mousse de 45 x 45 cm

Galon frangé (facultatif)

Pour la broderie :

Toile de coton blanche ou bleue de 45 x 45 cm

Aiguille à tapisserie à bout pointu n° 22

5 écheveaux de 10 m de coton retors blanc pour le coussin blanc et 8 écheveaux de 10 m pour le coussin bleu.

Préparation du tissu (coussin bleu)

1 Vous trouverez page 103 le modèle du coquillage servant de base au décor de ce coussin. Ce motif disposé en quinconce, forme deux rangées parallèles dans un sens et deux rangées dans l'autre sens.

2 Décalquez le motif au centre d'un carré de papier calque d'environ 50 cm de côté. Puis complétez pour obtenir 4 rangées verticales sur une superficie d'environ 39 cm de côté.

3 Transférez le motif sur le tissu en utilisant la méthode 3 décrite page 17.

Préparation du tissu (coussin blanc)

1 Le modèle figurant page 81 représente le quart du motif complet. Agrandissez-le de 133 % à la photocopieuse. Tracez sur un papier calque d'au moins 50 cm de côté deux médianes d'environ 35 cm de long.

2 Décalquez le modèle dans les quatre parties ainsi délimitées, en veillant à bien superposer chaque fois le point central du modèle et celui du papier calque. Vous obtiendrez ainsi un motif circulaire.

3 Transférez ce motif sur le tissu blanc en utilisant la méthode 1 décrite page 16.

Exécution de la broderie

1 Exécutez le point de nœud avant de broder les lignes brisées au point arrière. Comme le point de nœud est fragile – on peut l'accrocher facilement – mieux vaut arrêter les fils à l'aide de quelques points à l'envers de l'ouvrage en début et en fin d'aiguillée (voir page 18). Au tout début de l'ouvrage, laissez un long fil à l'envers et incorporez-le à la broderie après avoir fait quelques points.

Pour composer le décor du coussin bleu, répétez le motif fourni page 103 en le disposant selon le schéma ci-contre.

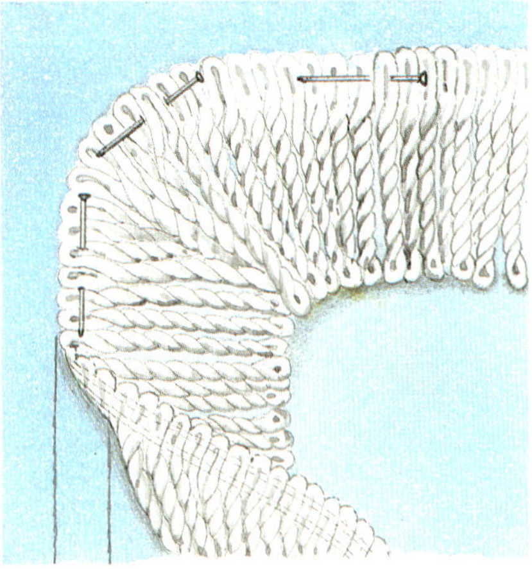

Assemblage des coussins

1 Posez la fermeture éclair au dos de la housse comme cela est expliqué page 32 pour le Coussin brodé d'un bouquet de pensées.

2 Posez la broderie à l'envers sur une surface plane bien propre. Tracez tout autour un carré de 41 cm de côté, qui sera la ligne de piqûre. Arrondissez les angles – une tasse à thé posée à l'envers fait un excellent gabarit pour arrondir les angles du coussin blanc. Pour les angles du coussin bleu, à l'arrondi plus large, servez-vous plutôt d'une soucoupe.

3 Si vous garnissez le coussin d'un galon frangé, tracez une autre ligne à 1 cm de la ligne déjà tracée et épinglez-y le galon. Froncez-le (fig. 1).

4 Placez le dos et le devant de la housse endroit contre endroit, le galon frangé entre les deux épaisseurs de tissu et piquez à la machine à 1 cm du bord intérieur du galon.

5 Coupez le tissu tout autour à 2 cm de la couture, en veillant à ne pas couper les franges, le cas échéant.

6 Retournez la housse du coussin à l'endroit et insérez la garniture.

fig. 1

Le dessin ci-dessous représente un quart du décor complet du coussin blanc. Agrandissez-le de 133 % à la photocopieuse, puis décalquez-le et transférez-le sur le tissu comme cela est expliqué page 78.

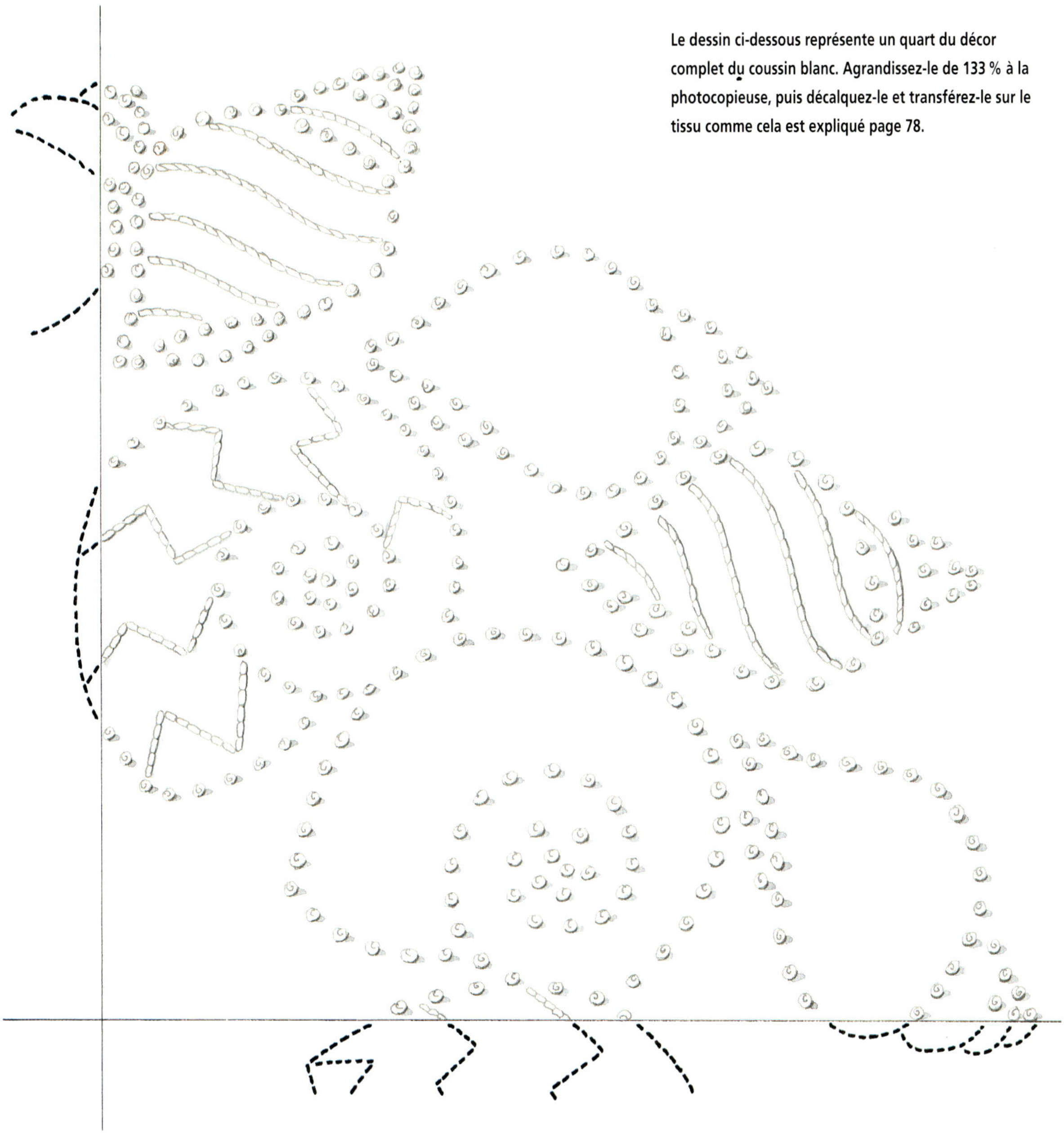

Drôles d'insectes

Cette création contemporaine combine applications et points de broderie. Le respect rigoureux du modèle importe peu dans ce type d'ouvrage – c'est la libre expression de la créativité du brodeur et l'originalité du sujet qui en font le principal intérêt. Notez le contraste amusant entre l'irrégularité des formes et la régularité de leur disposition en rangées parallèles. Pour mieux évoquer la diversité des carapaces des insectes, les applications sont faites de cotonnades imprimées de diverses rayures, orientées de façon différente. Vous trouverez pages 104-105 d'autres motifs d'applications.

Points employés
point arrière (page 24),
point de chaînette (page 25),
point lancé (page 75),
point de nœud (page 76),
point de croix double (page 52).

Fournitures

Pour le coussin :

50 x 70 cm de coton d'ameublement bleu roi à fines côtes, pour le dos du coussin
Fermeture éclair de 40 cm
1 m de galon à pompons
Coussin en mousse de 45 x 65 cm

Pour les applications et la broderie :

50 x 70 cm de coton d'ameublement grège à fines côtes
12 morceaux d'au moins 10 cm de côté de fine toile de coton à impressions diverses
Papier calque épais pour les gabarits
Fil à coudre assorti aux cotons imprimés
Aiguille à broder n° 5
Aiguille à coudre n° 8 pour les applications
Coton mouliné Anchor ou DMC dans les teintes indiquées pages 84 et 86

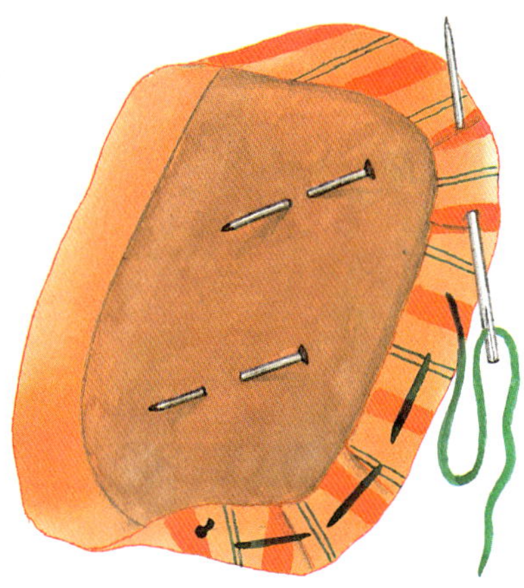

fig. 1

Préparation des applications

1 Décalquez les contours des corps des 12 insectes pages 84-87 en vous servant d'un papier calque épais, puis découpez-les.
2 Épinglez ces formes sur les carrés de cotonnade. Découpez le tissu tout autour en conservant une marge de 1 cm.
3 Rabattez cette marge sur le gabarit en papier calque et faufilez (fig. 1).
4 Disposez les 12 corps d'insectes à votre goût sur le tissu grège et épinglez-les.
5 Cousez-les alors l'un après l'autre en ôtant chaque fois le papier calque et les points de bâti.

Exécution de la broderie

1 Transférez les pattes et les antennes en utilisant la méthode 3 décrite page 17.
2 Brodez chaque insecte en utilisant les points et les teintes indiquées pages 84 et 86. Employez le nombre de brins que vous souhaitez. À titre indicatif, les points de nœud et autres points ornant le corps des insectes sont exécutés avec deux ou trois brins de coton à la fois, les pattes avec un nombre de brins souvent supérieur. Faites des essais pour déterminer ce qui vous convient le mieux.

Assemblage

1 Pour assembler la housse du coussin, reportez-vous aux instructions fournies page 32 pour le Coussin orné de pensées brodées au fil de laine.
2 Cousez à la main le galon à pompons sur les deux côtés de la housse.

	Anchor	DMC
Anthracite	400	413
Vert sombre	862	934
Bronze	906	829
Vert olive	842	3013
Vert clair	875	503
Bleu gris	850	926
Jaune pâle	300	677

Quantité

Un écheveau de chaque coloris.

	Point	Couleur
Insecte 1		
Mouchetures dos	Point de nœud	Vert olive
Ligne dos et tête	Point arrière	Vert sombre
Pattes	Point de chaînette	Bronze
Yeux et antennes	Point arrière	Vert clair
Insecte 2		
Lignes du dos	Point arrière	Vert clair
Pattes	Point de chaînette	Vert olive
Pieds	Petits points lancés sur point arrière	Vert olive
Tête	Point arrière	Vert olive
Insecte 3		
Lignes du dos	Point arrière	Vert olive
Mouchetures dos	Point de nœud	Jaune pâle
Pattes	Point de chaînette	Vert sombre
Pieds et antennes	Petits points lancés sur point arrière	Vert sombre
Insecte 4		
Lignes dos et antennes	Point arrière	Vert olive
Cercles dos	Point arrière	Anthracite
Pattes	Point de chaînette	Bronze
Pieds	Petits points lancés sur point chaînette	Vert sombre
Insecte 5		
Lignes dos	Point arrière	Vert sombre
Pattes	Point de chaînette	Bleu gris
Yeux	Point arrière	Anthracite
Tête	Point arrière	Bleu gris
Pieds	Point arrière	Bleu gris
Insecte 6		
Lignes et points dos	Point de nœud et point arrière	Jaune pâle
Cercles dos et antennes	Point arrière	Vert olive
Pattes	Point de chaînette	Anthracite
Pieds	Points lancés sur point arrière	Anthracite

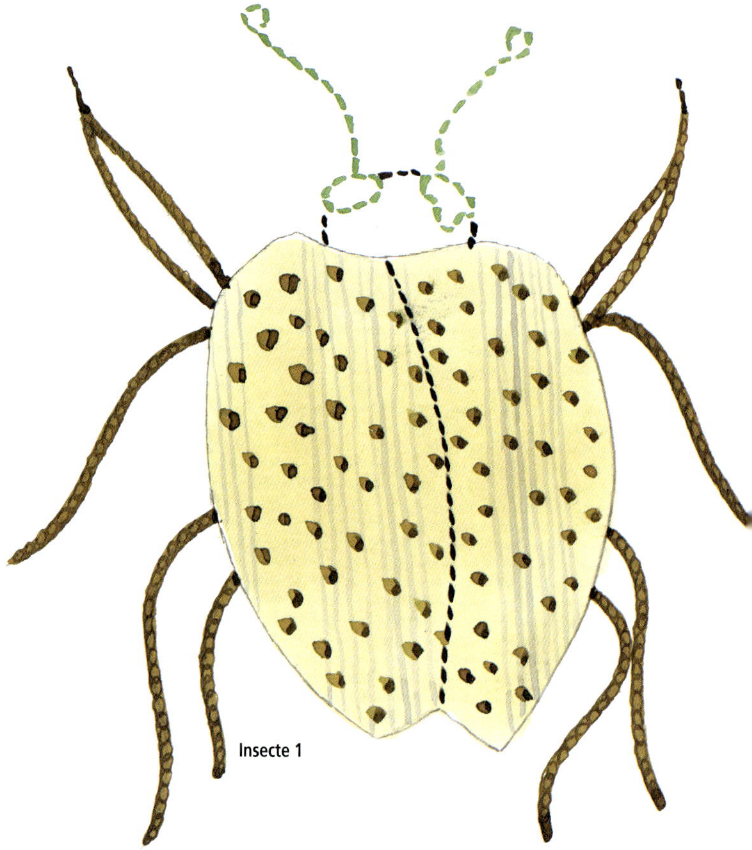

Insecte 1

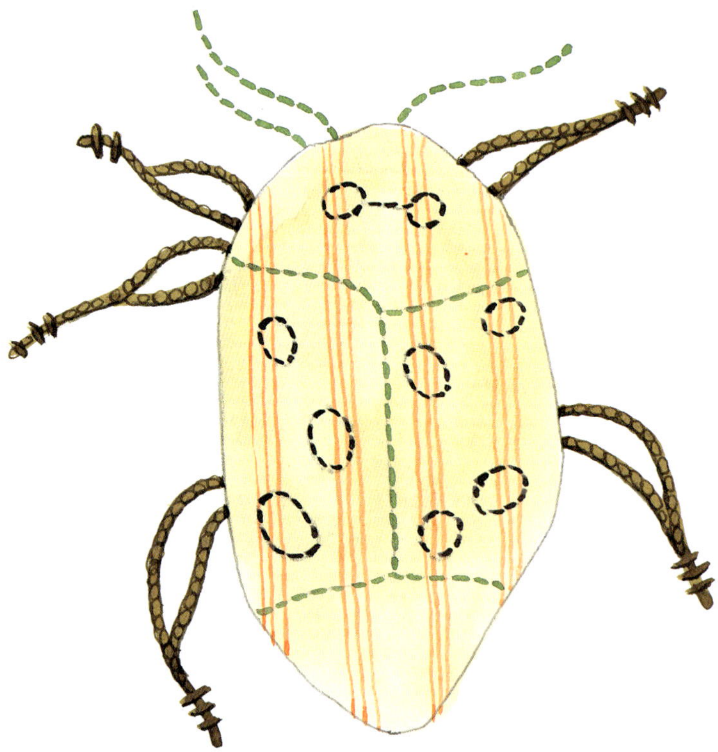

Insecte 4

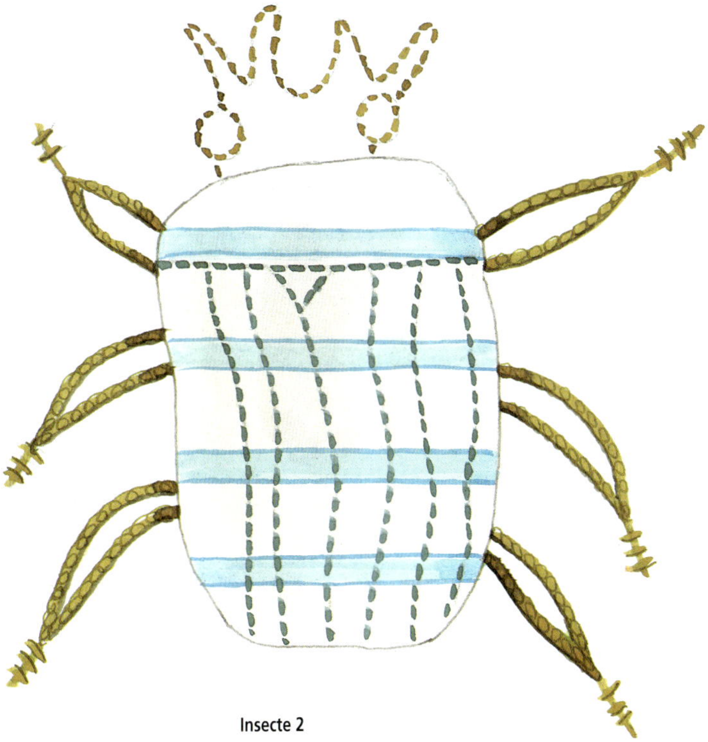

Insecte 2

Insecte 3

Les insectes sont représentés en taille réelle. Décalquez-en les corps avec un papier calque assez épais, car après découpage, il servira de gabarit aux applications.

Insecte 5

Insecte 6

	Point	Couleur
Insecte 7		
Lignes dos et yeux	Point arrière	Bronze
Cercles du dos	Point arrière	Bleu gris
Antennes	Point arrière	Anthracite
Pattes	Point de chaînette	Vert clair
Pieds	Petits points lancés	Vert clair
Insecte 8		
Lignes dos	Point de chaînette	Jaune pâle
Pattes	Point de chaînette	Vert olive
Pieds	Petits points lancés	Vert olive
Yeux et antennes	Point arrière et petits points lancés	Vert clair
Insecte 9		
Lignes dos	Point arrière	Jaune pâle
Yeux	Point arrière	Vert clair
Pattes	Point de chaînette	Vert clair
Pieds	Point arrière et points lancés	Vert clair
Antennes	Point arrière	Vert sombre
Insecte 10		
Lignes dos et yeux	Point arrière	Bronze
Points dos	Point de nœud	Bleu gris
Pattes	Point de chaînette	Bronze
Pieds	Points lancés	Bronze
Antennes	Points lancés sur point arrière	Bleu gris
Insecte 11		
Lignes dos	Point arrière	Vert clair
Yeux	Point arrière	Anthracite
Points dos	Point de nœud	Vert olive
Pattes	Point de chaînette	Anthracite
Pieds	Points lancés sur point arrière	Anthracite
Antennes	Point arrière	Vert olive
Insecte 12		
Lignes dos	Point arrière	Vert olive
Tête	Point arrière	Bleu gris
Pattes	Point de chaînette	Bleu gris
Pieds	Petits points lancés	Bleu gris
Antennes	Point arrière et point de croix double	Bronze

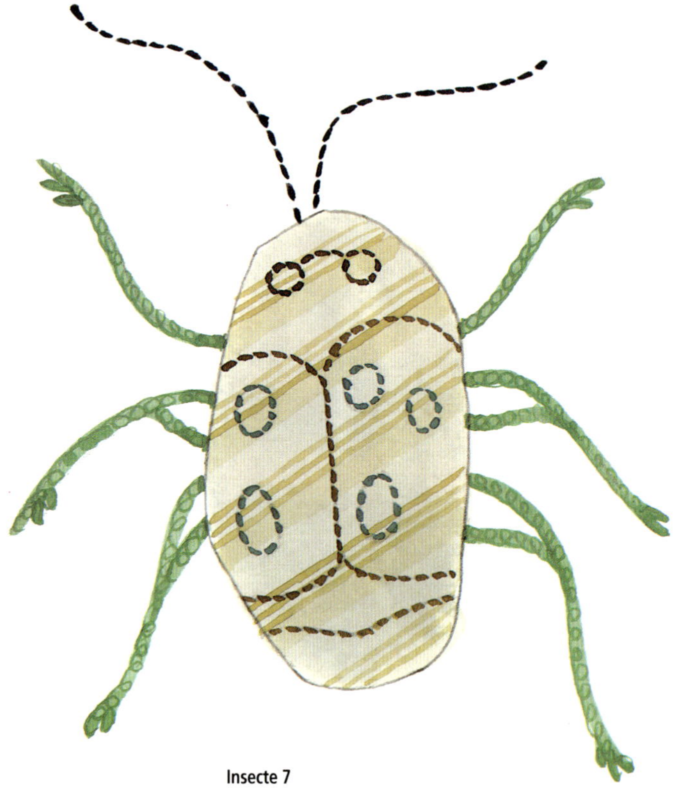

Insecte 7

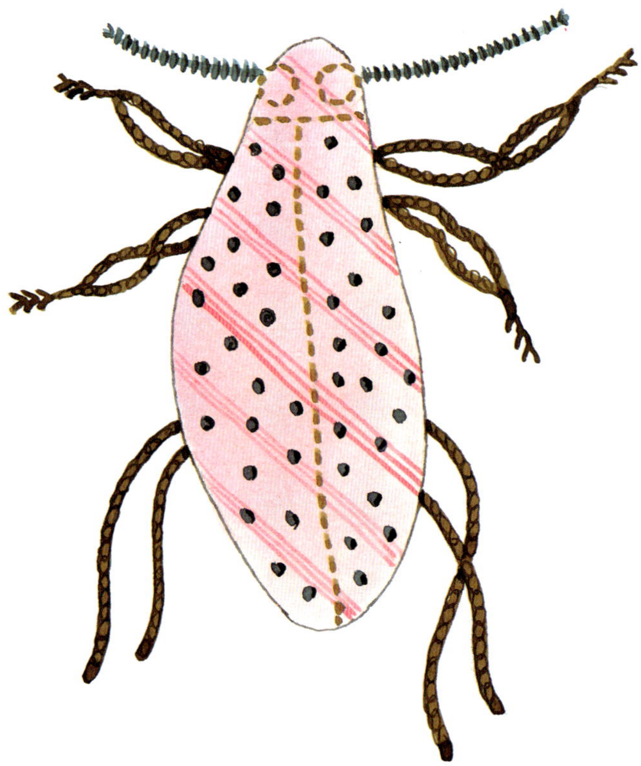

Insecte 10

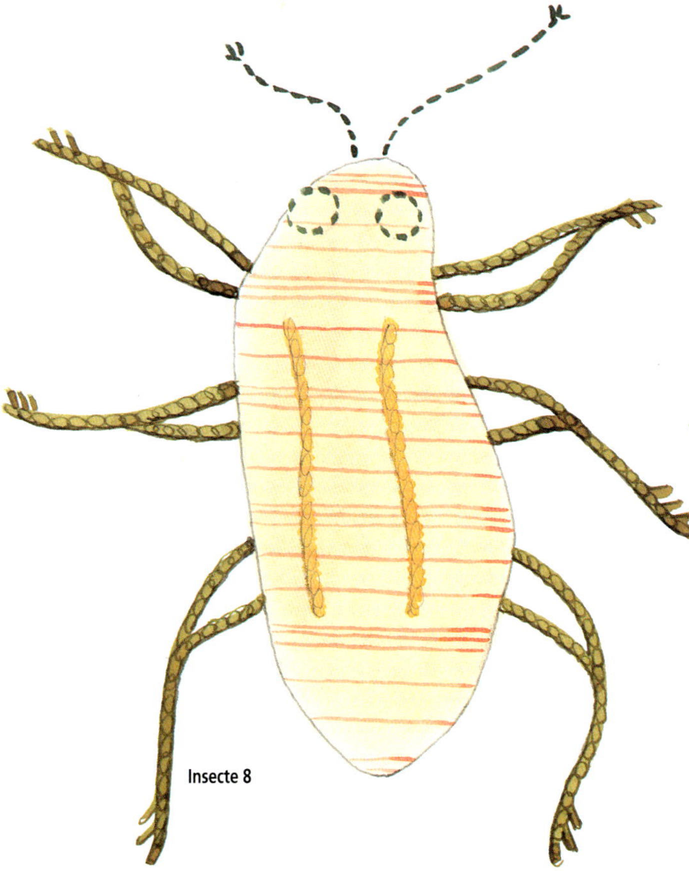

Insecte 8

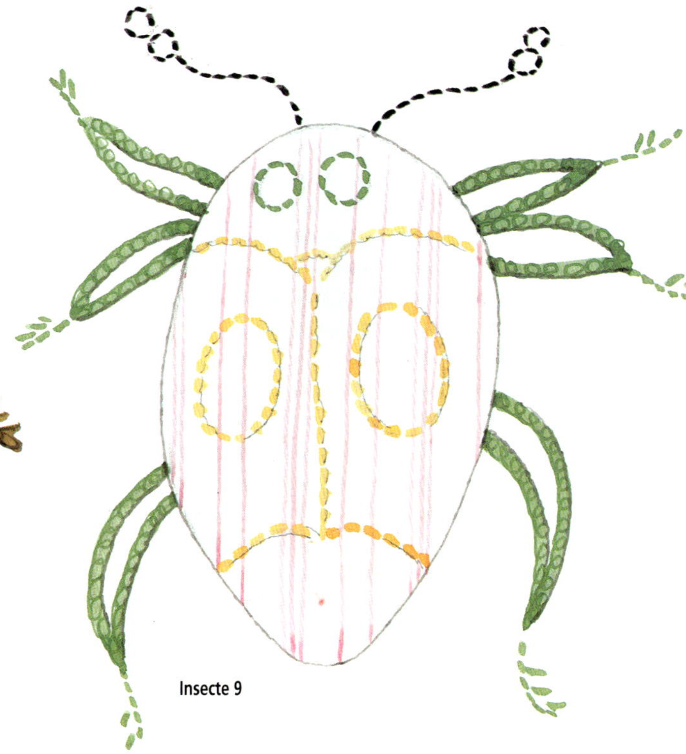

Insecte 9

Insecte 11

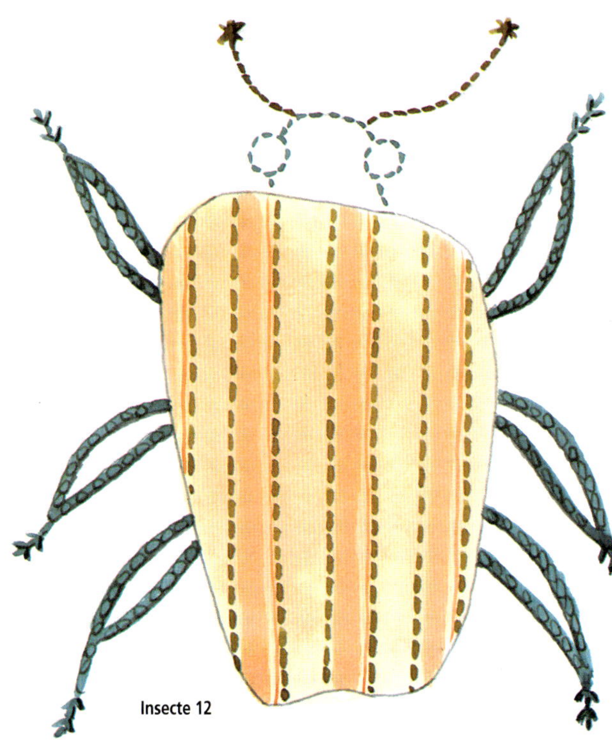

Insecte 12

Patchwork de type «crazy »

Le patchwork de type « crazy » a fait son apparition en Amérique dans la seconde moitié du dix-neuvième siècle. Contrairement au patchwork ordinaire, ce n'est pas par souci d'économie qu'il a vu le jour, mais par un phénomène de mode qui a même entraîné la vente de modèles et de kits pour satisfaire la demande.

À l'origine, il était constitué de chutes de soie et de velours assemblées au hasard à la manière d'un pavage irrégulier, puis appliquées sur une doublure en coton d'un seul tenant ou faite de plusieurs carrés de coton assemblés. Ce n'est pas le cas cependant du patchwork illustré, dont la composition a été calculée soigneusement pour que motifs, tissus et couleurs forment un mariage harmonieux. Au premier regard, sa conception paraît tout à fait libre, mais quand on l'observe avec attention, une symétrie se révèle au regard. Dans les motifs répétés composés de tissus différents, on retrouve des associations de couleurs identiques.

Les nombreuses coutures de ce type de patchwork sont habituellement rebrodées de points fantaisie, ainsi que de monogrammes, dates ou autres touches personnelles quand ils servent à commémorer une occasion très spéciale, comme un mariage. Dans ce dernier cas, on peut par exemple confectionner le patchwork avec des morceaux de la robe de la mariée, ou même de la cravate du marié, les rebroder à la soie dans les tons du bouquet et y inclure des pensées ou proverbes immortalisant cette journée mémorable. Le patchwork illustré est composé, entre autres, de morceaux de cravates en soie, de velours légers, de rubans et de tissus d'ameublement en taffetas et soie, tous de même poids. Vous pouvez employer des tissus très variés, à condition qu'ils soient de poids équivalents. S'ils sont trop différents, le patchwork manquera de tenue.

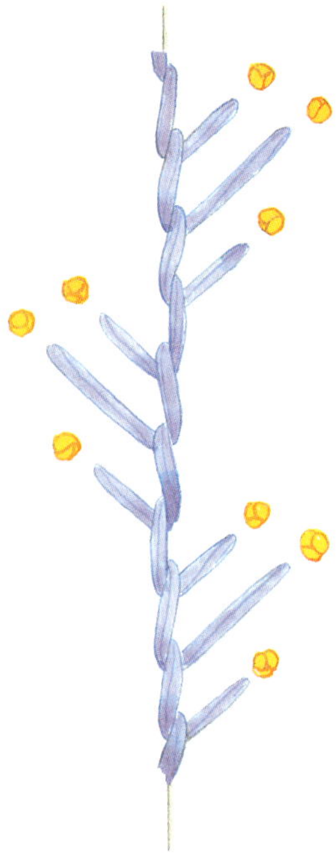

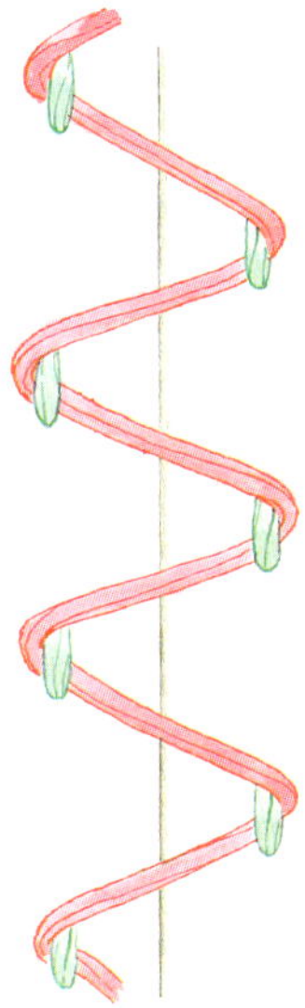

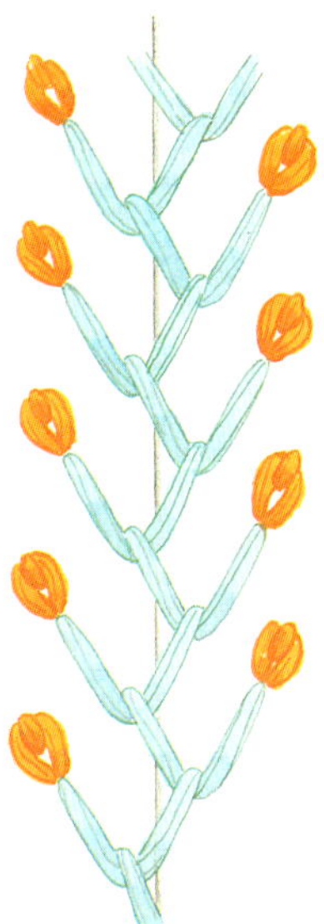

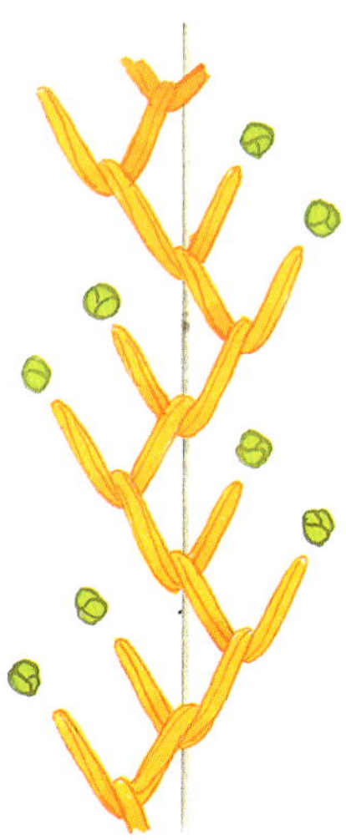

Exemples de points fantaisie ornant le patchwork. Divers autres points composés vous sont présentés page 108.

Fournitures

Pour le couvre-lit :

Une quantité suffisante de drap de coton pour y découper 25 carrés de 27 cm de côté

Tissu de doublure de 130 x 130 cm

Chutes de tissu pour habiller les 25 carrés de coton

1 m de tissu moiré noir en 90 cm de large, pour le biais de finition

Pour la broderie :

Aiguille à broder

Coton perlé Anchor ou DMC dans diverses teintes et grosseurs

Confection du patchwork

1 Découpez le drap de coton en 25 carrés de 27 cm de côté. Découpez les chutes de tissu en vous inspirant des différentes formes suggérées page 109.

2 Marquez le centre de chaque carré de coton (voir page 16) et tracez en leur centre un carré de 24 cm de côté.

3 Composez avec les chutes de tissu des motifs s'insérant dans les carrés ainsi délimités. Dans ce patchwork, les carrés des quatre angles sont décorés d'un cœur, motif reconnaissable qui s'insère bien dans un angle. Quatre carrés au motif de soleil levant leur succèdent dans le sens de la diagonale, rayons tournés vers l'extérieur, arrondissant visuellement les angles. Le carré central renferme un monogramme et une date. Les motifs répétés présentent des teintes similaires, pour en percevoir la symétrie.

4 Faites un rentré tout autour des carrés de patchwork et assemblez-les aux carrés de coton d'un point de bâti. Puis cousez-les à points glissés. Repassez.

Assemblage et broderie

1 Composez des rangées de cinq carrés et assemblez-les à la machine en laissant une marge de 1,5 cm. Ouvrez les coutures au fer. Puis cousez ensemble les cinq rangées obtenues et ouvrez les coutures au fer.

2 Recouvrez toutes les coutures de points de broderie linéaires, éventuellement rebrodés, dans les teintes de votre choix. Ici, les coutures d'assemblage des carrés ont été ornées d'un point avant, surjeté à l'aide de deux brins de coton perlé d'une couleur contrastante. Les broderies servent non seulement à souligner les coutures d'assemblage des carrés et des éléments qui les composent, mais à en rehausser les motifs. Ainsi, un ruban à larges rayures de style militaire a été décoré de grands points étoilés jaune d'or, et les picots bordant un autre ruban ont été joliment ponctués de points de nœud. Ailleurs, les points s'adaptent à la diversité des formes. Le point de feston dégradé et le point de chevron mettent en valeur de grandes courbes, le point lancé est employé de manières aussi diverses qu'inventives, et les qualités décoratives du point de chausson et du point d'épine sont mises en valeur.

3 Pour doubler le patchwork, disposez-le sur le tissu de doublure. Faufilez le pourtour de chaque carré. Piquez à la machine doublure et patchwork sur tout le tour, la doublure non ourlée dépassant sur les bords. Retirez les fils de bâti, recoupez ensuite la doublure à la dimension du patchwork.

Finition du couvre-lit

1 Découpez dans le tissu moiré noir plusieurs bandes en biais. Assemblez-les en faisant un petit rentré à chacune de leurs extrémités. Ces bandes doivent faire deux fois la largeur de la bordure terminée, plus 1,5 cm pour les coutures.

2 Posez les bandes les plus courtes le long des bords opposés du patchwork, endroit contre endroit, et cousez-les au patchwork en laissant une marge de 1,5 cm.

3 Repassez les bandes et repliez-les par-dessus les bords non terminés. Repassez à nouveau. Fixez-les au point d'ourlet à la main sur l'envers du patchwork, juste à l'intérieur de la couture à la machine.

4 Faites un rentré aux extrémités des deux autres bandes et repassez. Bordez les deux autres côtés du patchwork en procédant comme ci-dessus.

Frise au point de croix et de bouclette

Cette frise raffinée, soulignant ici la bordure d'une nappe, se distingue par l'emploi d'un point de croix double comme point de remplissage de fond. Cette broderie met en valeur, à la manière d'un large galon, des pavés ornés de fleurs brodées au point de bouclette. Il s'agit d'un point de croix ordinaire rebrodé d'une croix verticale de couleur et de tailles différentes. Les croix ordinaires sont toutes de la même teinte. Les croix rebrodées sont de deux couleurs réparties de façon à former des lignes en zigzag qui apportent une touche de fantaisie à un motif par ailleurs très répétitif.

Contrairement à la plupart des ouvrages exécutés au point de croix, les points ne sont pas liés entre eux et sont séparés ici par un ou deux fils de tissu. La frise présentée ci-contre n'a pas été brodée avec la rigueur habituelle d'un ouvrage à fils comptés, mais au jugé, ce qui lui confère plus de fraîcheur et de spontanéité. De même, si l'emploi du point de bouclette pour les fleurs est assez classique, le choix des couleurs est plus inventif, deux nuances d'une même teinte étant associées dans chacun des losanges.

Cette frise peut aussi être employée pour embellir des serviettes de table ou des coussins.

Points employés
point de croix double (page 52),
point de bouclette (page 75),
point de tige (page 25),
point de nœud (page 76),
jour à fils tirés (page 38).

Fournitures

80 x 80 cm de fine toile de lin
Aiguille à broder n° 8
Coton mouliné Anchor ou DMC dans les teintes présentées page 96

Exécution de la broderie

1 Préparez le tissu pour bien positionner le motif, comme cela est expliqué page 16. L'ouvrage terminé fait 63 cm de côté et la broderie s'insère dans un carré de 53 cm de côté. Le modèle de la page 96 présente un angle de la frise et la façon dont les motifs sont répétés. Décalquez les éléments nécessaires et reportez-les sur le tissu, en utilisant la méthode 3 décrite page 17. Reportez tous les points de croix, à moins d'avoir assez d'assurance pour les disposer au jugé.

2 Cette broderie ne requiert aucun ordre d'exécution particulier, à cela près qu'il est plus facile de répartir régulièrement les points de croix lorsque le contour des pavés a déjà été brodé. Quant aux fleurs, mieux vaut commencer par broder le point de bouclette avant d'entreprendre le point de nœud au centre, car il doit chevaucher les points déjà brodés.

Pour broder les espaces triangulaires au point de croix, commencez par la pointe, vous aurez plus de facilité à répartir régulièrement les rangées.

Assemblage

Faites un ourlet de 2 cm bordé éventuellement d'un jour simple ou d'un jour échelle. Pour des angles plus nets, pliez le tissu en biais perpendiculairement à la diagonale de l'angle et aplatissez-le au fer (fig. 1). Coupez le tissu à 5 mm du pli. Faites un

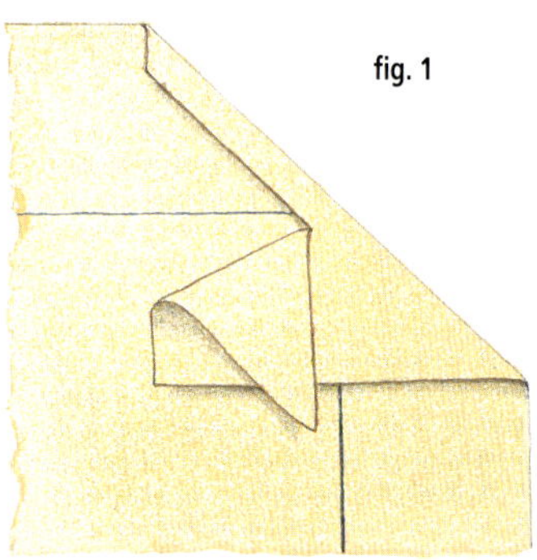

fig. 1

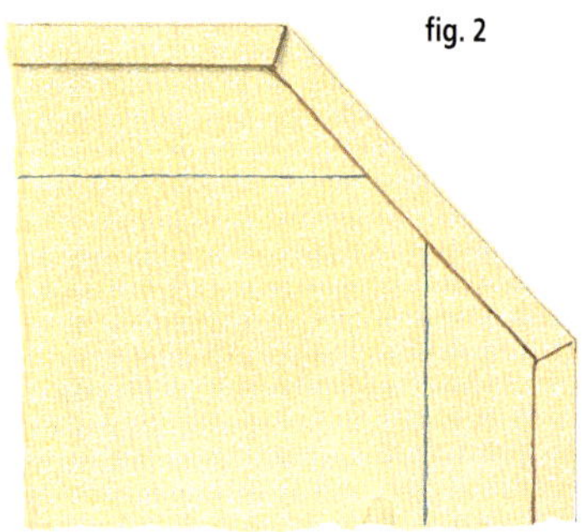

fig. 2

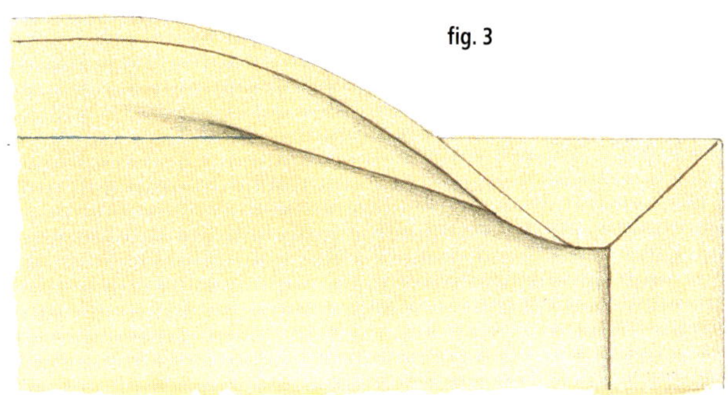

fig. 3

rentré de 5 mm sur les deux bords adjacents (fig. 2), puis repliez l'ourlet en biais dans les angles (fig. 3).

NB Utilisez deux brins de fil pour les petites croix brodées sur le premier point de croix et trois brins de fil pour toutes les autres broderies.

	Anchor	DMC	Quantité
Fleurs :			
Jaune clair	302	742	1
Crème	300	7451	1
Bleu foncé	123	7911	1
Bleu moyen	143	7981	1
Violet foncé	102	5501	1
Violet clair	110	37461	1
Rose foncé	88	7181	1
Rose pâle	85	36091	1

	Anchor	DMC	Quantité
Feuilles et cœurs des fleurs :			
Jaune pâle	293	727	3
Cadre au point de tige :			
Vert moyen	210	911	2
Fond au point de croix :			
Marron clair	677	8410	4
Orange	330	946	2
Vert clair	209	912	2

Ce dessin reproduit l'un des angles de la frise en taille réelle et en précise la répartition des motifs. Décalquez-en les éléments nécessaires et transférez-les sur le tissu.

Modèles

Nous vous proposons dans les pages suivantes un ensemble de motifs et points complémentaires qui élargissent le champ d'application des ouvrages proposés. Vous y trouverez, par exemple, de nouveaux motifs de coquillages ou de broderie ajourée, un nouveau choix de modèles pour des applications en tissu, ainsi qu'un jeu complet de chiffres et de lettres pour broder dates et monogrammes. Des motifs floraux de toutes tailles et d'une grande diversité vous aideront à confectionner un large éventail d'ouvrages, allant des boutons brodés aux jetés de lit. Enfin, pour vous permettre d'introduire plus de fantaisie dans la broderie du Patchwork « crazy » et lui donner une composition plus structurée, nous vous apportons quelques nouvelles idées d'association de points et de répartition des motifs.

Motif fleuri pour broderie ajourée

Voir motif de feuilles page 40

Ce modèle de broderie ajourée peut être répété autant de fois que nécessaire et dans n'importe quel sens. Il peut être utilisé pour orner les pans d'un rideau ou d'une nappe, comme le motif de feuilles présenté page 40, ou garnir entièrement une housse de coussin.

Les contours des fleurs et des feuilles à broder au point de feston sont figurés en traits gras. Les brides festonnées renforçant les découpes sont également représentées. Les espaces à découper sont teintés en bleu clair. Lorsque vous broderez les contours des motifs au point de feston, veillez à ce que l'arête bouclée du point soit située sur le bord interne de la découpe, car c'est elle qui empêchera le tissu de s'effilocher. Vous pouvez si vous le souhaitez ajouter certains détails, broder le coeur des fleurs ou les nervures des feuilles.

Motifs bleus et blancs

Voir aussi page 54

Ces motifs stylisés constituent une variante du décor brodé ornant le couvre-lit présenté pages 54-59 et sont inspirés des motifs de la collection de broderie bleue et blanche de la « Deerfield Society of Blue and White Needlework » (Société d'amateurs de broderie bleue et blanche de Deerfield). Cette collection est réunie au musée de la ville américaine de Deerfield, Massachusetts, où ce type de broderie régionale connut un regain d'intérêt au début du siècle.

Traditionnellement, les motifs étaient composés de tiges aux courbes gracieuses, garnies de feuilles, de fleurs et de fruits. Ces broderies étaient exécutées à l'aide de fils teints dans diverses nuances de bleu.

Ce schéma de répartition indique le positionnement des motifs sur le couvre-lit. Certains d'entre eux ont été inversés, pour introduire plus de variété. Agrandissez les motifs ci-dessus et ci-contre de 164 % à la photocopieuse avant de les transférer sur le tissu.

Modèles de coquillages pour motifs répétitifs

Voir aussi Coussins ornés de coquillages page 78

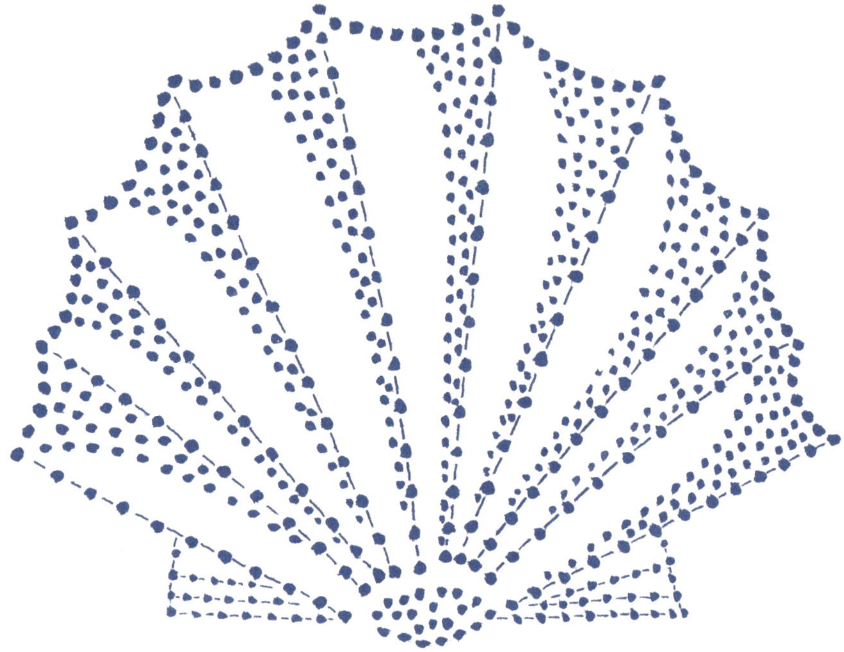

Des formes simples employées de façon répétitive en lignes parallèles ou selon un motif circulaire peuvent habiller entièrement une surface. Celui de la page ci-contre (employé pour le coussin bleu page 79) utilise un seul type de coquillage disposé en rangées parallèles. Orienté alternativement dans un sens et dans l'autre, il est décoré de lignes brisées qui créent visuellement des diagonales. Bien que ce motif ait été conçu à l'origine pour être brodé au point de nœud, des points linéaires donneraient également de bons résultats. Les coquillages pourraient d'ailleurs être mieux mis en valeur par des points de remplissage plus originaux.

D'autres modèles de coquillages sont également proposés ci-contre. Photocopiez-les et décalquez-les plusieurs fois, découpez-les et associez-les pour composer le motif de votre choix. Décalquez ce motif en plusieurs exemplaires pour composer un décor en harmonie avec la taille et la forme de l'ouvrage que vous avez confectionné.

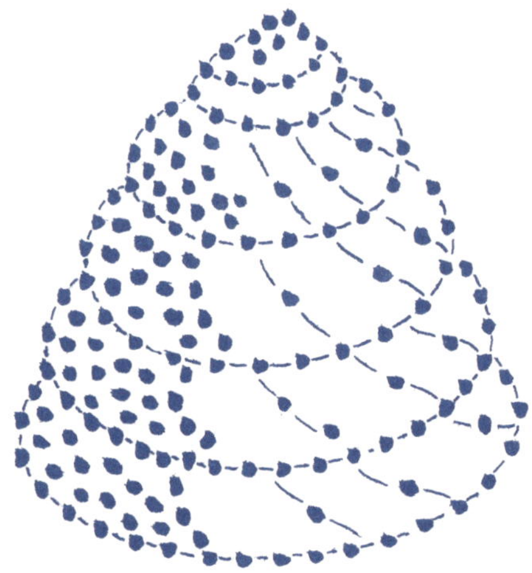

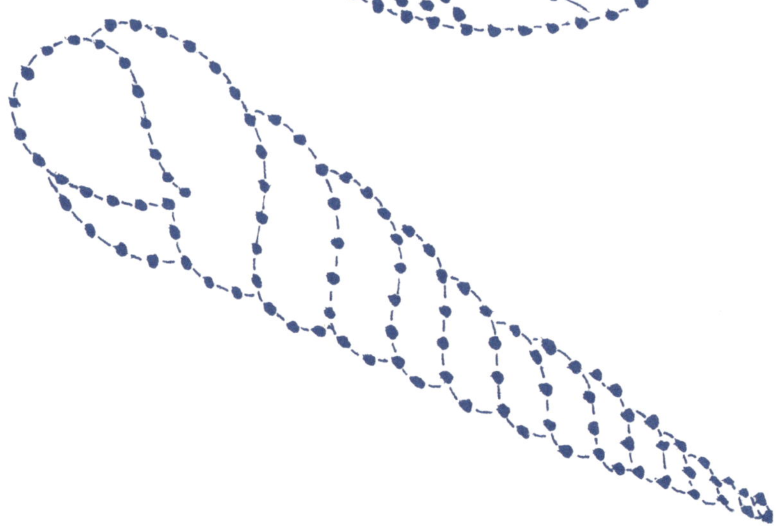

Motifs pour applications brodées

Voir Drôles d'insectes page 82

Papillons, escargots, oiseaux ou chenilles peuvent remplacer les insectes qui décorent le coussin présenté page 83. Vous pouvez aussi les aligner en rangées parallèles pour créer un effet similaire. Quant aux points de broderie, leur choix dépend essentiellement des tissus sélectionnés. Ces modèles vous laissent toute liberté en matière de sélection des points et des couleurs. Les dessins qui les ornent ne sont que des suggestions. Ils peuvent être modifiés à volonté pour mieux s'harmoniser aux éventuels motifs des tissus choisis, et aux points que vous aimeriez utiliser.

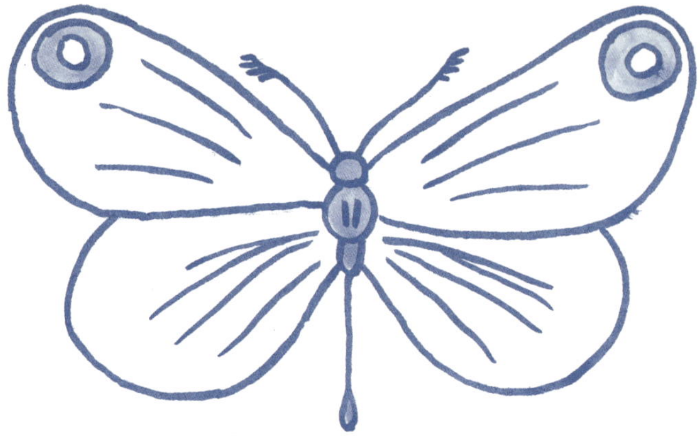

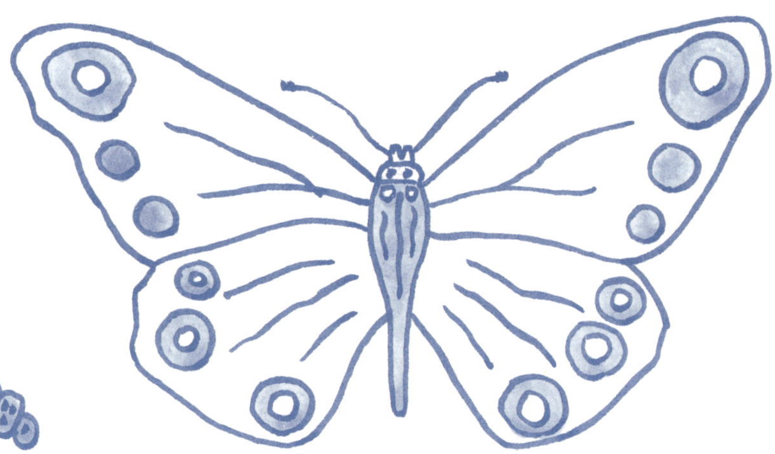

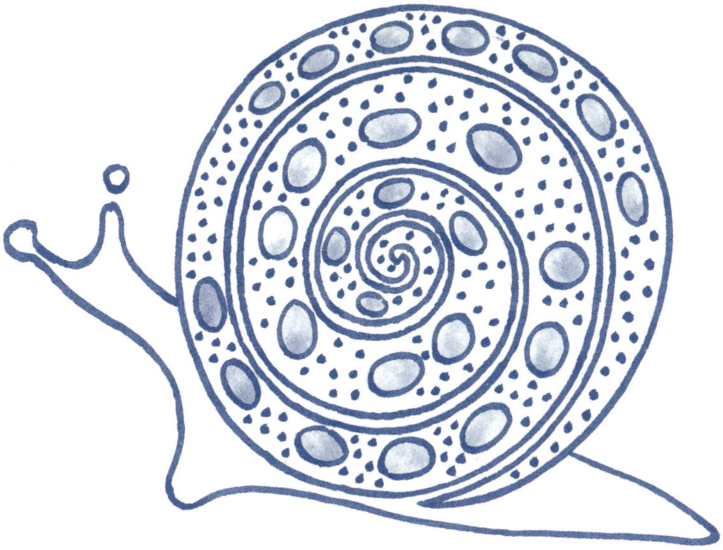

Petits motifs décoratifs

Voir Boutons brodés page 88

Voici des monogrammes dont vous pourrez orner boutons ou linge de maison. Brodez-les au passé plat, à l'exception des lignes les plus fines, que vous soulignerez de points arrière. Les petits motifs floraux peuvent composer des ornements brodés d'une grande délicatesse. Pour un travail très fin, n'employez qu'un brin de fil. Les motifs de plus grande taille peuvent servir à embellir le linge de maison, particulièrement le linge de table, et à décorer sachets de lavande ou échantillons de broderie « libre ».

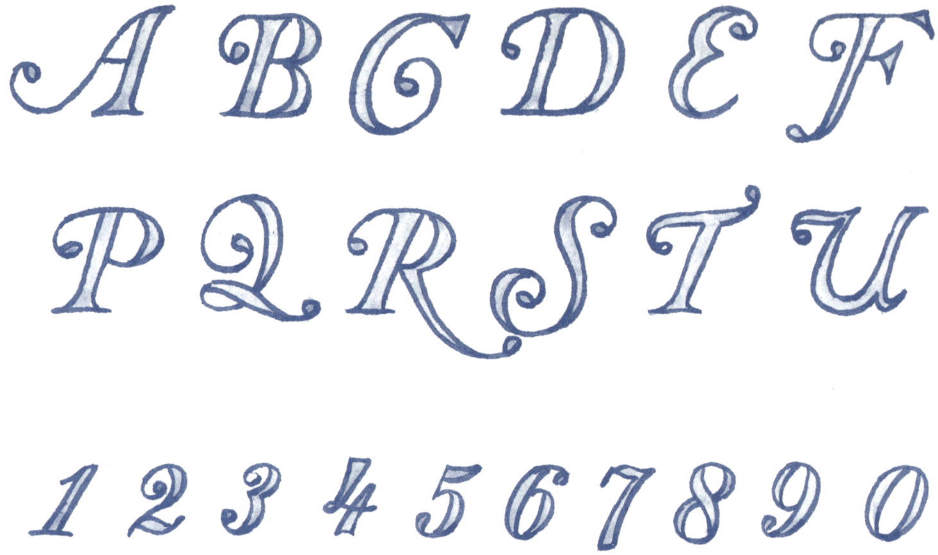

G H I J K L M N O
U W X Y Z

Patchwork de type « crazy »

Voir Couvre-lit en patchwork page 90

L'ornementation d'un patchwork de type « crazy » offre la merveilleuse opportunité de créer diverses combinaisons de points, que ce soit pour orner les coutures d'assemblage des divers éléments qui le composent ou pour rehausser les motifs des tissus employés. Les points de base peuvent être rebrodés de fils de couleur et de texture différentes, et orientés autrement. Choisir les combinaisons de points qui se prêteront le mieux au décor d'une ligne droite ou d'une ligne courbe est un jeu tout à fait passionnant.

Les carrés de la page suivante sont identiques à ceux employés pour composer le Couvre-lit de la page 90. Certains comportent des formes classiques, d'autres non. Vous pouvez vous inspirez de ces assemblages de formes pour découper vos tissus.

Le schéma ci-dessous montre la répartition des éléments du couvre-lit, où certains carrés (A et B) sont repris selon une disposition régulière. Une telle symétrie n'est pas obligatoire mais si les motifs sont tous disposés au hasard, il est nécessaire d'introduire une unité au niveau de la répartition des couleurs et des nuances.

A				A
	B		B	
	B		B	
A				A

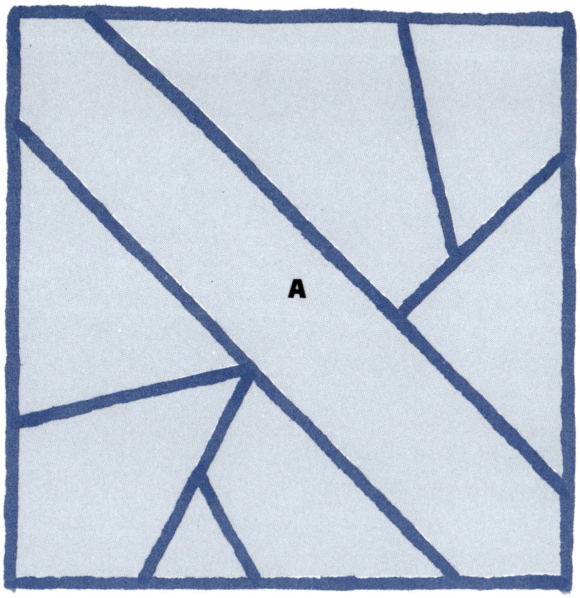
A
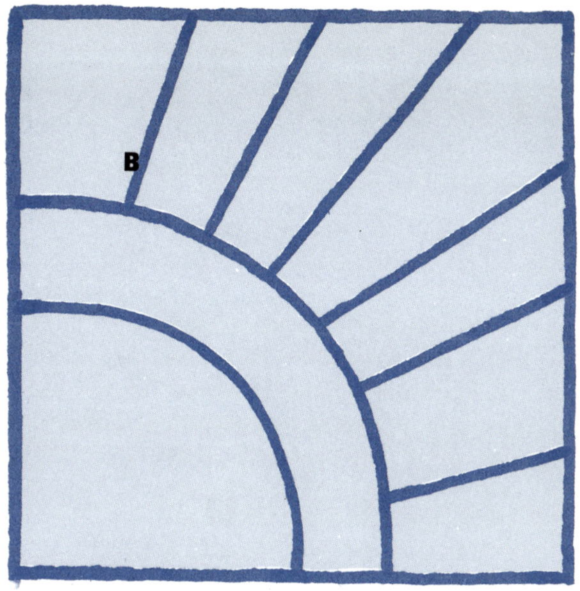
B

Index

Remerciements

L'auteur souhaite remercier les personnes suivantes pour leur précieux concours : Ciba Vaughan, grande amie qui vit à Boston, sans laquelle j'aurais hésité à écrire un livre sur la broderie. Ses conseils, son enthousiasme et sa grande culture m'ont été d'un précieux secours et les lignes fax reliant les deux continents ont souvent crépité de nos multiples échanges durant l'élaboration du projet. De nombreuses broderies présentées dans ce livre font partie de sa collection personnelle et elle a confectionné le patchwork de type « crazy » spécialement pour ce livre.

Karen Spurgin mérite aussi un grand merci pour ses créations originales : le coussin orné d'insectes, les boutons brodés et le rideau à frise ajourée.

Cara Ackerman de DMC et Julie Gill chez J & P Coats m'ont apporté une aide énorme en me fournissant tissus et fils, dans les délais les plus brefs. Jenny Fitzgerald Bond, quant à elle, m'a apporté de précieux conseils techniques qui m'ont été très utiles. Enfin, Jane O'Shea, responsable de cette collection, a fait preuve d'une infinie patience d'un bout à l'autre du projet, trouvant toujours des solutions à tout problème. Je lui en suis vivement reconnaissante.

Remerciements des éditeurs

Les éditeurs souhaitent remercier tous ceux qui leur ont fourni tissus, fils et autres accessoires figurant sur les photographies : Jane Bell, The Chelsea Design Company, Coats Crafts UK, The Designer's Guild, DMC, The Gallery of Antique Costume and Textiles, Cath Kidston, John Lewis, V. V Rouleaux.

Nous aimerions aussi remercier Gabi Tubbs pour sa conception inspirée des sujets photographiés et Pia Tryde pour son hospitalité et ses superbes photographies.